C'est
comme ça

C'est comme ça

MANUEL DE LECTURE
ET DE COMMUNICATION

Jean-Paul Valette

Rebecca M. Valette
BOSTON COLLEGE

D.C. HEATH AND COMPANY
Lexington, Massachusetts   Toronto

SOURCES

Liste des Annonces Publicitaires

Nous tenons à remercier les sociétés suivantes qui nous ont si aimablement autorisés à reproduire leur annonce:

Cœur Assistance
Renault U.S.A., Inc.
Union Nationale des Deux Roues
Isola 2000
Laboratoires Miles
Rewill
Johnson Wax
Samsonite
Helena Rubinstein
The American Express Company
Association Internationale de Méditation Transcendante, France
Bijouterie Pierre du Nord
Médis
Revue Pollu Stop
IBM
S.O.S. Amitié
Politique Bretagne
Air Afrique

Liste des articles utilisés

Mademoiselle Âge Tendre: "La Carte d'Identité d'Hélène Lefort". *L'Express:* "Travailler, Oui. Mais que Faire?" 14–20 juin 1976; "Les Jeunes Français et l'Argent" 4–10 septembre 1972; "Les Nouvelles Chances de la Famille" 10–16 novembre 1975; "Automobile: les Français Restent Amoureux" 29 septembre–5 octobre 1975; "Les Jeunes et l'Amour" 6–12 mars 1972; "Le Mariage ou la Vie à Deux" 6–12 mars 1972; "Les Jeunes (15–20 ans) Jugent la Famille" 10–16 novembre 1975; "Les Femmes Vues par les Hommes" 13–19 novembre 1972; "Les Résultats Détaillés du Questionnaire Nucléaire de l'*Express*" 14–20 avril 1975; "Les Relations Sexuelles avant le Mariage" 6–12 mars 1972; "Les Jeunes et la Pilule" 6–12 mars 1972; "Mariage: Les Réponses des Lecteurs de l'*Express*" 9–15 février 1976.

Écho de la Mode: "Pourquoi Fumez-vous?" 7–13 novembre 1975.

L'Encyclopédie Annuelle Quid de Dominique et Michèle Frémy (Éditeur Robert Laffront — Paris) 1977: "L'Émancipation de la Femme en France et Ailleurs".

Le *Point* numéro 111 du 4 novembre 1974, courtesy of *Scoop:* "Nous Autres les Gaulois"; "Leur Principal Défaut".

«Mon Pays» de Gilles Vigneault, extrait d'*Avec les Vieux Mots,* Nouvelles Éditions de l'Arc, Montréal.

Léon Damas: *Black Label,* copyright Éditions Gallimard, Paris.

Illustration Credits

Hélène Lefort, p. 9, *Mademoiselle Âge Tendre;* Waldner Horoscopes, p. 13, Roman Cieslewicz, *Elle;* French Students, p. 26, Jonathan Rawle; French Students, p. 27, Jonathan Rawle; César Boldaccini, p. 49, Archives Denyse Durand-Ruel; "The Persistence of Memory" by Salvador Dali, 1931, oil on canvas, "9 1/2 × 13", p. 63, The Museum of Modern Art, New York; Le Mariage, p.

PREFACE

After an initiation to the basic vocabulary and structures of the French language, beginning students are eager and ready to develop their reading ability and their conversation and writing skills. At the same time, they are also interested in broadening their familiarity with the contemporary French-speaking world. *C'est comme ça — Manuel de lecture et de communication* has been prepared to help students achieve these goals.

C'est comme ça has been designed for use as early as in the second term of beginning college courses, but it may be used effectively in the third term of the college sequence. The complete end vocabulary contains all the French words and expressions that appear in the text, with the exception of the most evident cognates. Moreover, unfamiliar expressions are glossed within the text itself.

Organization

C'est comme ça contains twenty-one "dossiers" which are grouped thematically into five parts: "Nous, les jeunes," "Au jour le jour," "Une société en mouvement," "La vie des idées," and "En France et ailleurs." Although the first dossiers are the easiest, the instructor does not have to cover the topics sequentially and may, in fact, prefer selecting dossiers that correspond to areas of current student interest.

Each dossier contains a variety of reading selections which have been adapted, for the most part, from contemporary French magazines and almanacs. The types of readings range from the brief "Flash" or minor news item to the longer interview, opinion poll, or psychological test-game. Some dossiers may contain proverbs and slogans as well as brief historical presentations, portraits, or poems. This varied reading material is interspersed with different types of communication activities which encourage active student participation. Topical vocabulary listings contribute to developing the students' fluency and accuracy of expression.

Teaching suggestions

Flexibility is the key feature of *C'est comme ça*. Individual instructors will develop their own ways of using the dossiers and will most probably expand on some of the activities while omitting others. Moreover, many of the activities lend themselves to both written and oral expression, depending on the interests of the students and the goals of the course. The following suggestions indicate some of the ways in which *C'est comme ça* may be implemented.

Readings. The readings may be assigned for outside or in-class preparation. While reading the texts, the students might be asked to note one observation: a new fact they learned, an opinion with which they agree or disagree, something which surprised them, something they found rather banal or uninteresting, etc. These brief observations may be shared in class as a warm-up exercise.

Psychological test-games. These test-games may be prepared for homework, or they may be used as a classroom activity where the instructor reads the options while the students note their responses. The interpretation which follows the test-game groups the respondents into several categories; if desired, these categories may provide the basis for dividing the class into groups for subsequent activities.

Discussion activities. Many activities in the dossiers elicit student opinions. Although these activities may be conducted by the instructor, they also lend themselves to discussion in pairs or small groups. For instance, groups of students may be given four or five minutes to categorize a list of professions according to their usefulness, prestige, and so forth, and then as a full-class activity the groups can share their conclusions with each other.

Debates. The debates are usually more successful if the students have been asked to prepare in writing a few sentences for and against the question selected. In class, the students are divided into an affirmative and a negative team. The teams are given five or ten minutes in which to select a leader and organize their arguments. Then the actual debate takes place.

These are just some of the types of activities found in the dossiers. Since each dossier differs in presentation and organization from the others, there is always a new mix of readings and activities. That's the way it is. "C'est comme ça."

TABLE DES MATIÈRES

DEUXIÈME PARTIE
Au jour le jour

TROISIÈME PARTIE

Une société en mouvement

QUATRIÈME PARTIE
La vie des idées

CINQUIÈME PARTIE
En France et ailleurs

C'est comme ça

PREMIÈRE PARTIE

Nous, les jeunes

L'identité

DOCUMENTS

L'identité

une carte d'identité: Chaque Français a une carte d'identité.

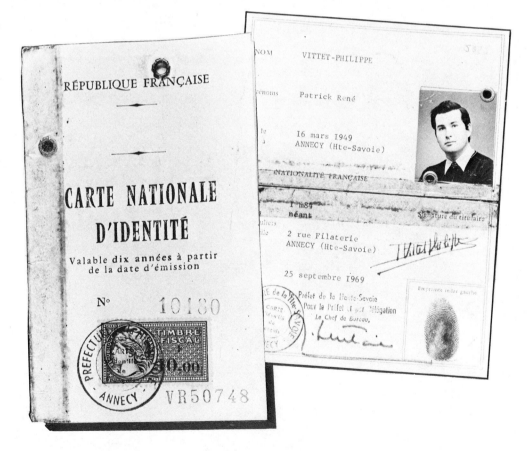

un passeport: Pour voyager à l'étranger, il faut **un passeport**.

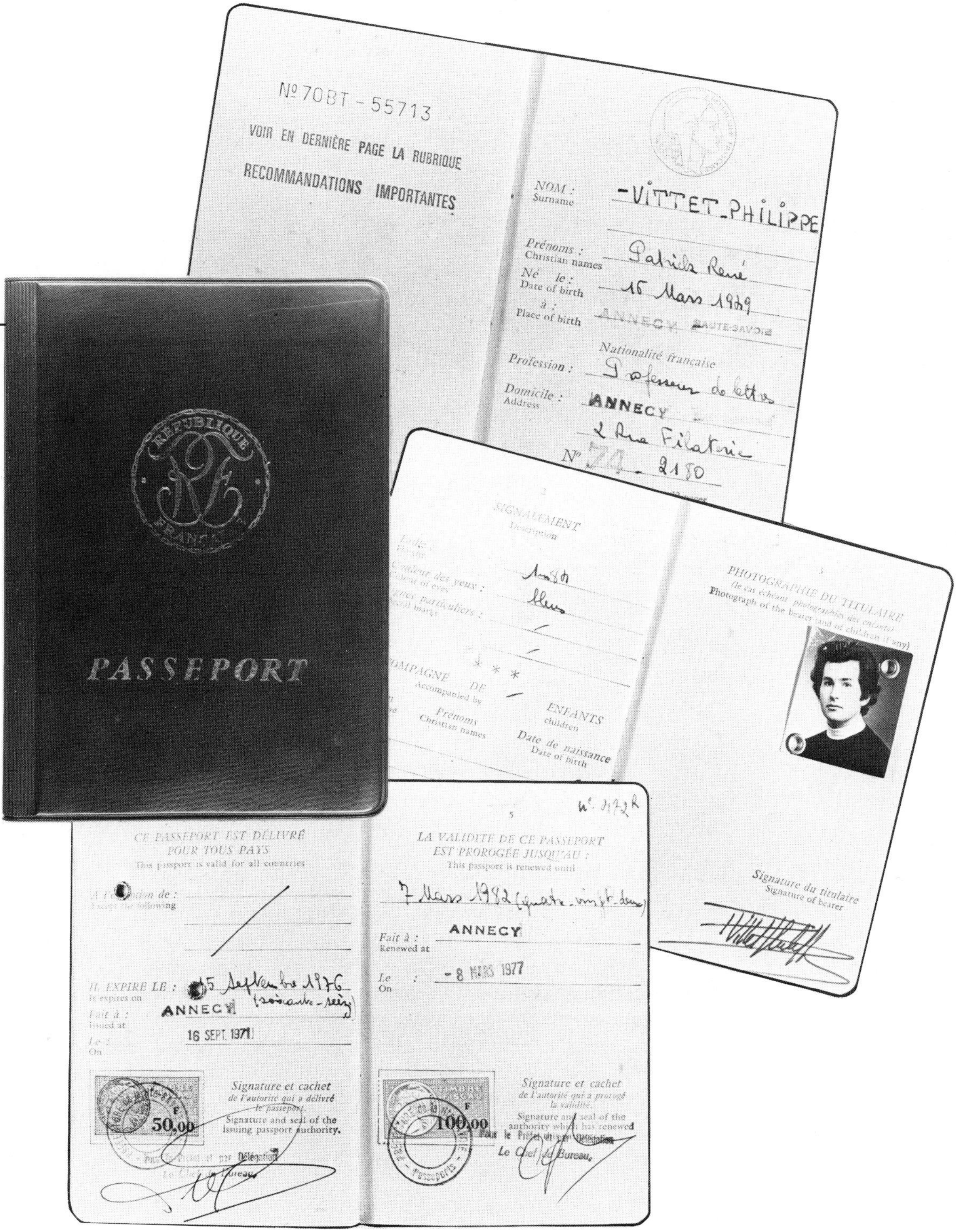

un permis de conduire: Pour conduire une voiture, il faut **un permis.**

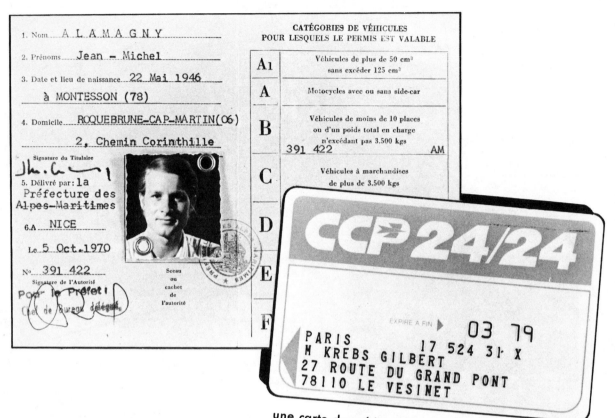

une carte de crédit: Pour ses achats,
on peut utiliser une carte de crédit.

ACTIVITÉ: Questions personnelles

1. Comment vous appelez-vous?
2. Quel âge avez-vous?
3. Quel âge a votre père? votre mère?
4. De quelle nationalité êtes-vous? américaine? française?
5. Où habitez-vous? Quelle est votre adresse?
6. Avez-vous une carte d'identité? un passeport? un permis de conduire?
7. Utilisez-vous des cartes de crédit?
8. Est-ce que vos parents utilisent des cartes de crédit? Lesquelles?

Le prénom

- Les prénoms français sont généralement tirés du calendrier romain catholique.

- Les noms composés sont fréquents:
  Garçons: Jean-Pierre, Jean-Claude, Jean-François
  Filles: Marie-Laure, Marie-Françoise, Marie-Cécile

- Aujourd'hui les prénoms d'origine étrangère sont plus fréquents qu'avant: James, Eric, Ivan

- Certains prénoms sont à la mode:

1900	Gaston	Clémentine
1950	Christian, Jean-Paul	Chantal
1960	Bruno, Gérard	Brigitte, Sylvie
1965	Eric, Thierry	Nathalie
1970	Olivier, Laurent	Stéphanie, Christelle
1975	Christophe, Nicolas	Aurélie, Laure, Valérie

Nathalie

Nom d'origine romaine.
Signifie "Noël". Les
Nathalie sont des coura-
geuses; Elles ne bravent
pas seulement le Danger,
elles le recherchent. Elles
gardent malgré cela, une
grande féminité.

FETES A SOUHAITER

Basile	2 janv.	David	29 déc.
Baudoin	17 oct.	Davy	20 sept.
Béatrice	13 fév.	Delphine	26 nov.
Bénédicte	16 mars	Denis	9 oct.
Benjamin	31 mars	Denise	15 mai
Benoit - Jos.	16 avril	Désiré	8 mai
Benoit	11 juil.	Diane	9 juin
Berenger	26 mai	Didier	23 mai
Bernadette	18 fév.	Dimitri	26 oct.
Bernard	20 août	Dominique	8 août
Bernardin	20 mai	Donald	15 juil.
Bertille	6 nov.	Donatien	24 mai
Bertrand	6 sept.		
Bienvenue	30 oct.	**E**	
Blaise	3 fév.	Edith	16 sept.
Blandine	2 juin	Edmond	20 nov.
Boris	2 mai	Edouard	5 janv.
Brice	13 nov.	Edwige	16 oct.
Brigitte	23 juil.	Elisée	14 juin
Bruno	6 oct.	Elisabeth	17 nov.
		Ella	1 fév.
C		Emeline	27 oct.
Camille	14 juil.	Emile	22 mai
Carine	7 nov.	Emilie	19 sept.
Casimir	4 mars	Emma	19 avril
Cather. Suè.	24 mars	Enguerran	25 oct.
Cather. Sien.	29 avril	Eric	18 mai
		Estelle	11 mai

	20 déc.
	12 mai
	24 déc.
	11 sept.
	5 fév.
	1 janv.
	3 sept.
	0 fév.
	9 sept.
	2 juin
	5 nov.
	avril
	fév.
	oct.
	déc.
	avril
	oct.
	janv.
	août
	juil.
	déc.
	mars
Amour	9 août
André	30 nov.
Angèle	27 janv.
Anne	26 juil.

Le nom

Les noms français les plus courants indiquent:
Une profession: Boucher, Charpentier, Marin, Marchand
Une origine géographique: Dupont, Dulac, Montagne, Vallée, Normand
Une couleur: Lebrun, Leblanc, Lenoir, Verdier

ACTIVITÉ: Questions personnelles

1. Quel est votre prénom?
2. Quel est le prénom de votre père? de votre mère?
3. Quels sont les noms américains les plus communs pour les garçons? pour les filles?
4. Y a-t-il des prénoms à la mode aujourd'hui? Lesquels?
5. Quels sont les prénoms masculins que vous aimez? les prénoms féminins?
6. Quels sont les prénoms français que vous connaissez?
7. Quel est votre nom de famille?
8. Êtes-vous d'origine européenne? africaine? asiatique? indienne?
9. Est-ce que votre nom est d'origine anglaise? espagnole? italienne? allemande? française? russe? d'une autre origine? Laquelle?
10. Est-ce que votre nom a une signification? Laquelle?
11. Quels noms d'origine française connaissez-vous?

ACTIVITÉ: Situation: Service d'immigration

Imaginez que vous travaillez pour le service français d'immigration. Vous aidez un(e) touriste—c'est-à-dire un(e) camarade de classe—à remplir sa carte de débarquement. Composez le dialogue.

CARTE D'EMBARQUEMENT ou DE DÉBARQUEMENT
EMBARKATION/DISEMBARKATION CARD
TARJETA DE EMBARQUE ó DE DESEMBARQUE

1 **Nom** ....
   Name (en majuscules d'imprimerie - in block capitals)
   Apellido

2 **Nom de jeune fille** (pour les dames)
   Maiden name (if applicable)
   Apellido de familia (para las Señoras)

3 **Prénoms**
   Christian names
   Nombres de pila

4 **Enfants**
   Children
   Niños

5 **Date de naissance** ....

| Date of birth | Quantième-Date | Mois-Month | Année-Year |
| Fecha de nacimiento | Fecha | Mes | Año |

6 **Lieu de naissance**
   Place of birth
   Lugar de nacimiento

7 **Nationalité** ....
   Nationality
   Nacionalidad

8 **Profession**
   Occupation
   Profesion

9 **Domicile légal** ....
   Permanent address
   Domicilio fijo

10 **Port d'embarquement** ....
   Port of embarkation
   Puerto de embarque

11 **Port de débarquement** ....
   Port of disembarkation
 · Puerto de desembarque

12 **Adresse dans le pays de débarquement** ....
   Address in country of disembarkation
   Señas en el territorio de desembarque

---

13 **Passeport** (diplomatique, service, ordinaire) **ou document en tenant lieu.**
   Passport (diplomatic, duty, service) or identity document in lieu thereof.
   Pasaporte (diplomatico, servicio, corriente) o documento haciendo las veces de ese.

   N° .... **Délivré le** .... **A** ....
                               Issued on   At
   N°   Remitido el   en

14 **Visa** (le cas échéant)   N° .... **Délivré le** ....
   (if applicable)   Issued on
   Visado (llegado el caso)   N° .... Remitido el ....

   A   **Durée de validité** ....
                                    Period of validity
   En   Lapso de validez

                                    Le .... **19** ....
                                    The
                                    El

Signature du passager }
Signature of passenger }   ....
Firma del passajero.   }

Mod. **5349 bis** — Imp. Transatlantique — Paris — Printed in France

---

LA CARTE D'IDENTITÉ D'HÉLÈNE LEFORT

Nom : Lefort. **Prénom** : Hélène. **Pseudonyme** : sans. **Nationalité** : française. **Date de naissance** : 9 avril 1956. **Lieu de naissance** : Rosendaël. **Nombre de frères** : deux (Marcel et Hugues). **Nombre de sœurs** : deux (Sylvie et Laurence). **Taille** : 1 m 61. **Poids** : 47 kg. **Cheveux** : blonds. **Yeux** : bleus. **Signe particulier** : aucun. **Voix** : accent du Nord. **Domicile** : Rosendaël. **Profession** : étudiante.

PERSONNALITÉ
Signe astrologique : Bélier. **Caractère** : contrariante, sens de la critique. **Superstition** : pas du tout. **Jeux** : déteste le jeu. **Distraction favorite** : les promenades solitaires sur la plage. **Personnalité historique admirée** : Pythagore. **Expression qu'elle emploie le plus souvent** : «vachement bien». **Principal défaut** : critique tout. **Principale qualité** : la franchise.

C'est le 1er juin
à l'Olympia qu'une jolie
jeune fille blonde,
Hélène Lefort,
a été élue
Mademoiselle Âge tendre.
Qui est-elle, qu'aime-t-elle,
d'où vient-elle?

SES GOÛTS
Couleur : bleu. **Fleur** : marguerite. **Animaux** : le chat et le lion. **Ville française** : Dunkerque. **Ville étrangère** : Londres. **Heure préférée** : 7 h du matin. **Jour** : vendredi, surtout le vendredi 13. **Mois** : avril. **Saison** : printemps. **Lettre** : M. **Nombre** : 3. **Style d'habitation** : grande maison bleue.

VOCABULAIRE: L'aspect physique

Le visage
    avoir **le visage ovale, rond, carré** [*square*]
    avoir **les cheveux roux** [*red*]**, blonds, châtains** [*chestnut*]**, bruns, noirs; frisés** [*curly*] **ou lisses** [*straight*]
    avoir **les yeux bleus, verts, gris, marron**[1] [*brown*]**, noirs**
    avoir **le nez mince** [*thin*] **ou épais** [*broad*]
    avoir **la bouche mince ou épaisse**
    avoir **le teint** [*complexion*] **pâle, rose, bronzé** [*tan*]**, foncé** [*dark*]

La taille
    Combien **mesurez-vous?** Je **mesure** un mètre 70.

Le poids
    Combien **pesez-vous?** Je **pèse** 60 kilos.

L'aspect général
    Pour un garçon:
    beau / **laid** [*ugly*]**, moche** [*plain*]
    petit / **grand**
    maigre [*skinny*] / **gros** [*big*]**, gras** [*fat*]
    svelte, mince, bien proportionné
    faible [*weak*] / **fort** [*strong*]**, musclé, robuste**

    Pour une fille:
    jolie, ravissante, mignonne [*cute*] / **laide, moche**
    petite / **grande**
    maigre / **grosse, grasse**
    svelte, mince, bien proportionnée
    faible / **forte, athlétique**

[1] Quand il désigne une couleur, le mot «marron» est invariable: un pantalon **marron**; une robe **marron**.

Paul? Jacques? Michel? Henri? Jean? Jean-Paul? Jean-Pierre? Sébastien? Jean-Baptiste? Louis? Cyrille? Pierre? Jean-Claude? Alain? Guy? Bernard? Yves? Lucien? Jean-Loup? Philippe? Charles? Armand? Gérard? Luc? Peter? James? Nikita? Olaf? Samba? Mike? John? Félicien? Ringo? Frankie? Eugène? Nicolas? Noë? Saül? Georges? Hubert? William? Walter? Dick? Joseph? José? David? Sam? Joë? Pat?

tres

La Taille	Le poids
2 mètres = 6 pieds 8 pouces	100 kilos = 220 livres américaines
1 mètre 90 = 6 pieds 4 pouces	90 kilos = 198 livres américaines
1 mètre 80 = 6 pieds	80 kilos = 176 livres américaines
1 mètre 70 = 5 pieds 8 pouces	70 kilos = 154 livres américaines
1 mètre 60 = 5 pieds 4 pouces	60 kilos = 132 livres américaines
1 mètre 50 = 5 pieds	50 kilos = 110 livres américaines
1 mètre 40 = 4 pieds 8 pouces	40 kilos = 88 livres américaines

ACTIVITÉ: Portraits

Choisissez l'une des personnes suivantes. Décrivez cette personne en vous limitant au visage. Pour faire le portrait, complétez les phrases ci-dessous.

mon père
ma mère
mon frère
ma sœur
mon meilleur ami
ma meilleure amie
mon acteur préféré
mon actrice préférée

1. Il (elle) a le visage...
2. Il (elle) a les cheveux...
3. Il (elle) a les yeux...
4. Il (elle) a le nez...
5. Il (elle) a la bouche...
6. Il (elle) a le teint...
7. Il (elle) mesure à peu près [approximativement]...
8. Il (elle) pèse à peu près...
9. Il (elle) est...

La personnalité

Astrologie et personnalité

Êtes-vous né(e) sous une bonne *étoile?* Les astrologues *préten-*  / croient
dent que *les astres* déterminent le destin et aussi la person- étoiles
nalité de chacun de nous. Voici certaines correspondances
entre le signe du zodiaque et la personnalité.

CAPRICORNE

(22 déc.-20 janvier)
Signe de terre.
Planète : Saturne.
Nostalgie
et persévérance.

VERSEAU

(21 janv.-18 février)
Signe d'air.
Planètes : Uranus,
Saturne.
Elan, mystère.

POISSONS

(19 février-20 mars)
Signe d'eau.
Planète : Jupiter.
Neptune.
Sagesse, inspiration.

BELIER

(21 mars-20 avril)
Signe de feu.
Planète : Mars.
Action et lutte.

TAUREAU

(21 avril-21 mai)
Signe de terre.
Planète : Vénus.
Charme et douceur.

GEMEAUX

(22 mai-21 juin)
Signe d'air.
Planète : Mercure.
Intelligence
et mouvement.

CANCER

(22 juin-22 juillet)
Signe d'eau.
Planète : Lune.
Rêve et sensibilité.

LION

(23 juillet-23 août)
Signe de feu.
Planète : Soleil.
Eclat et domination.

VIERGE

(24 août-23 sept.)
Signe de terre.
Planète : Mercure.
Intelligence,
sens pratique.

BALANCE

(24 sept.-23 oct.)
Signe d'air.
Planète : Vénus.
Charme et subtilité.

SCORPION

(24 octobre-22 nov.)
Signe d'eau.
Planètes : Mars.
Pluton.
Action et passion.

SAGITTAIRE

(23 nov.-21 déc.)
Signe de feu.
Planète : Jupiter.
Energie et sagesse.

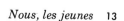

Qu'est-ce qu'on lit sur un visage ?

Y a-t-il un *rapport* entre l'apparence physique et la personnalité? Beaucoup de gens pensent que oui. Certains trouvent, par exemple, une correspondance très *nette* entre la forme du visage et le caractère.

relation

évidente

Avez-vous un visage ovale?

Vous êtes romanesque. Vous êtes aussi impressionnable et un peu timide. Vous avez de l'imagination, mais vous êtes instable. Vous changez souvent d'idées. Vous avez beaucoup d'intuition. Vous n'avez pas beaucoup de patience.

Avez-vous un visage carré?

Vous avez un sens pratique très développé. Vous êtes réaliste et même un peu sceptique. Vous êtes enclin(e) à imposer vos opinions. Chez vous, la tête commande le cœur.

Avez-vous un visage rond?

Vous êtes réaliste. Vous aimez le confort et les plaisirs. Vous êtes une personne active. Vous avez l'esprit d'initiative et l'esprit de conception. Vous aimez commander. Vous tolérez difficilement d'être commandé(e).

Avez-vous le visage triangulaire?

Vous êtes une personne sensible [*sensitive*] et raffinée. Vous avez beaucoup d'imagination. Vous êtes romantique. Vous détestez l'ordre et la discipline.

Avez-vous le visage rectangulaire?

Vous avez de grandes ambitions. Vous êtes énergique et volontaire [*strongwilled*]. Vous aimez commander. Vous avez une très forte personnalité.

 «On voit les qualités de loin et les défauts de près.» Victor Hugo

VOCABULAIRE: Personnalité et caractère

La personnalité
   avoir de la personnalité
   avoir une forte personnalité} avoir une individualité bien marquée

Le caractère
   avoir du caractère = avoir de la personnalité
   avoir bon caractère = être sociable, patient
   avoir mauvais caractère = être difficile, désagréable

Les traits de la personnalité
   avoir (ou posséder) **une qualité / un défaut**
      On **admire** les qualités de quelqu'un.
      On **tolère** (ou on ne tolère pas) ses défauts.

ACTIVITÉ: Dialogue

Vérifiez l'authenticité de l'analyse précédente avec un(e) camarade de votre classe. Par exemple, si votre camarade a le visage rond, posez-lui des questions comme:

▶ MODÈLE: *Es-tu réaliste?*
Aimes-tu le confort? Etc.

Ensuite, votre camarade vous interrogera.

ACTIVITÉ: Auto-portrait

Faites votre auto-portrait en répondant au questionnaire suivant. Pour bien définir votre personnalité, vous pouvez utiliser des adverbes comme **peu, plutôt, très, énormément.**

Êtes-vous...

optimiste... ou pessimiste?
réaliste... ou idéaliste?
individualiste... ou
    conformiste?
dynamique... ou indolent(e)?
logique... ou intuitif
    (intuitive)?
calme... ou violent(e)?
simple... ou compliqué(e)?
charitable... ou égoïste?
honnête... ou malhonnête?
juste... ou injuste?
sincère... ou hypocrite?
timide... ou sûr(e) de vous?

indulgent(e)... ou sévère?
patient(e)... ou impatient(e)?
prudent(e)... ou imprudent(e)?
tolérant(e)... ou intolérant(e)?
persévérant(e)... ou capricieux
    (capricieuse)?
original(e)... ou neutre?
libéral(e)... ou conservateur
    (conservatrice)?

généreux (généreuse)... ou avare?
sérieux (sérieuse)... ou
    fantaisiste?
curieux (curieuse)... ou
    indifférent(e)?

scrupuleux (scrupuleuse)... ou
    indélicat(e)?
ambitieux (ambitieuse)... ou
    résigné(e)?
orgueilleux (orgueilleuse)...
    ou humble?

actif (active)... ou passif
    (passive)?
impulsif (impulsive)... ou
    flegmatique?
naturel(le)... ou prétentieux
    (prétentieuse)?
travailleur (travailleuse)...
    ou paresseux (paresseuse)?

ACTIVITÉ: L'idéal

Selon vous, quelle principale qualité doivent avoir les personnes suivantes? Quel défaut doivent-ils *éviter* [*avoid*]? Vous pouvez compléter les phrases suivantes en utilisant les adjectifs de la section «Autoportrait».

 MODÈLE: L'ami idéal *doit être sincère.*
Il ne doit pas être prétentieux.

1. l'amie idéale
2. le (la) camarade de chambre idéal(e)
3. le professeur idéal
4. les étudiants
5. les hommes politiques
6. les journalistes
7. le Président des États-Unis
8. mon futur patron [*boss*]

ACTIVITÉ: Qualités ou défauts?

Certains traits de la personnalité peuvent être considérés comme des qualités ou comme des défauts. Comment considérez-vous chacune des caractéristiques suivantes—comme une qualité ou comme un défaut? Vous pouvez qualifier votre opinion avec des expressions comme **toujours, jamais, rarement, souvent, généralement, parfois.**

 MODÈLE: la curiosité
La curiosité est généralement une qualité. C'est rarement un défaut.

1. l'ambition
2. l'indépendance
3. la modestie
4. la patience
5. l'émotivité
6. l'arrogance
7. la prudence
8. la sincérité
9. l'intuition
10. l'orgueil [*pride*]
11. la ténacité
12. l'ordre
13. l'optimisme
14. l'imagination
15. l'indifférence
16. l'agressivité
17. la logique
18. la confiance en soi

ACTIVITÉ: Critique

Faites votre auto-critique.

1. Je suis trop...
2. Je ne suis pas assez...
3. Je devrais être plus...
4. Je devrais être moins...
5. Mon principal défaut est...
6. Les qualités que je n'ai pas sont...   ● ● ● ● ● ● ● ● ● ●

Maintenant, faites la critique des personnes suivantes. Pour cela, remplacez le **je** par **il, elle, ils** ou **elles** et faites tous les changements nécessaires.

mon meilleur ami   les femmes
ma meilleure amie   les Américains
les hommes   les Français

ACTIVITÉ: Opinions

1. Quel est l'homme que vous admirez le plus? Pourquoi?
2. Quelle est la femme que vous admirez le plus? Pourquoi?
3. Avec quel genre de garçons aimez-vous sortir? Pourquoi?
4. Avec quel genre de filles aimez-vous sortir? Pourquoi?
5. Quels sont les défauts que vous ne tolérez pas? chez vos amis? chez vos professeurs?

TEST

Avez-vous bon caractère ?

Pour savoir si vous avez bon caractère, étudiez les huit situations suivantes et dites *comment vous réagiriez.*

vos réactions

1. Vous avez rendez-vous avec votre meilleur(e) ami(e) pour aller à un concert de musique pop. Votre ami(e) arrive au rendez-vous avec dix minutes de retard.

   a. Vous vous excusez d'être en avance.
   b. Vous ne dites rien.
   c. Vous faites la remarque: «L'*exactitude* est la politesse   ponctualité des rois.»

2. Vous avez rendez-vous avec votre meilleur(e) ami(e) pour aller au cinéma. Votre ami(e) arrive au rendez-vous avec une demi-heure de retard.

   a. Vous ne dites rien.
   b. Vous signalez à votre ami(e) les désavantages d'entrer au milieu du film.
   c. Vous insultez votre ami(e) en public.

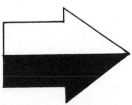

3. Vous passez la soirée avec un groupe d'amis. Ces amis décident d'aller voir un film que vous avez déjà vu et que vous avez trouvé idiot.

   a. Vous dites: «Puisque la majorité veut voir ce film, je vais revoir le film avec eux.»
   b. Vous suggérez d'aller voir un autre film.
   c. Vous dites à vos amis qu'ils n'ont *aucun* sens critique et vous   pas de
   rentrez chez vous.

4. Vous achetez des disques dans un magasin. Quand vous rentrez chez vous, vous *constatez* que l'employé(e) a fait une erreur de   remarquez deux dollars sur le prix des disques en faveur du magasin.

   a. Vous dites: «Deux dollars, ce n'est rien», et vous ne faites rien.
   b. Vous retournez au magasin et demandez le remboursement des deux dollars.
   c. Vous écrivez une lettre d'insultes au propriétaire du magasin.

5. Vous avez prêté votre guitare à un(e) ami(e). Quelques jours plus tard, votre ami(e) vous rend votre guitare... cassée.   broken

   a. Vous dites: «Après tout, ça n'a pas d'importance. Je n'aime pas la musique.»
   b. Vous demandez poliment mais fermement à votre ami(e) de payer *la réparation*.   repair
   c. Vous téléphonez aux parents de votre ami(e) et vous leur dites que *l'éducation* de leur fils (fille) est à *refaire*.   manners
   to be taught over again

6. Le professeur donne les résultats d'un examen. Vous êtes surpris(e) d'avoir une mauvaise note. Vous faites le calcul de vos points et vous vous *apercevez* que le professeur a fait une erreur d'addition.   remarquez

   a. Vous pensez que tout le monde fait des erreurs et vous ne faites rien.
   b. Vous allez voir votre professeur et vous lui demandez de rectifier son erreur.
   c. Vous allez voir le directeur (la directrice) de l'école et vous protestez d'une façon véhémente contre l'injustice des professeurs.

7. Vous êtes chez vous. C'est vous qui répondez au téléphone. Pour la quatrième fois, la *même* personne vous appelle par erreur.   same

   a. Vous dites que ce n'est pas grave.
   b. Vous conseillez à la personne d'appeler les *renseignements*.   information
   c. Vous menacez cette personne de *faire une réclamation* à   complain
   la compagnie de téléphone.

8. Vous avez perdu votre livre de français trois jours avant un examen important.

    a. Vous acceptez le risque d'avoir une mauvaise note.
    b. Vous expliquez la situation à votre professeur et vous lui demandez de vous prêter un autre livre.
    c. Vous décidez d'abandonner vos études de français.

Interprétation

- Si vous avez 5 réponses (a) ou plus, vous avez trop bon caractère. En fait, vous êtes très timide. Soyez plus énergique et n'ayez pas peur d'exprimer vos opinions.

- Si vous avez 5 réponses (b) ou plus, vous savez ce que vous voulez. Oui, vous avez du caractère. Vous avez certainement aussi le respect de vos ami(e)s.

- Si vous avez 5 réponses (c) ou plus, vous avez un caractère particulièrement désagréable. Êtes-vous certain(e) d'avoir des ami(e)s?

- Si vous n'*appartenez* pas aux catégories ci-dessus, vous êtes probablement comme tout le monde. Vous avez généralement bon caractère, mais vos réactions ne sont pas toujours *prévisibles*.

belong

faciles à prédire

Les études

DOCUMENT_____

La peau d'âne

En France, comme ailleurs, l'administration universitaire se modernise, se mécanise et se dépersonnalise... Un formulaire composé par l'ordinateur a remplacé *la «peau d'âne»* traditionnelle.

sheepskin, litt. *donkeyskin*

Nº de page : 08964

Nº de table : 17339

MINISTÈRE DE L'ÉDUCATION
ACADÉMIES DE CRETEIL, PARIS, VERSAILLES
DIVISION DES EXAMENS ET CONCOURS

SERIE B

CERTIFICAT DE SUCCÈS AU BACCALAURÉAT
DE L'ENSEIGNEMENT DU SECOND DEGRÉ

MR   VERGNE

FRANCOIS FREDERIC

LE RECTEUR DE L'ACADÉMIE DE   PARIS
SOUSSIGNÉ, CERTIFIE QUE

85 R DE LA BOETIE   *

75008 PARIS

NUMÉRO NATIONAL D'IDENTITÉ

1570775114504

NÉ A : PARIS 14EME

PAYS ou DÈPARTEMENT : SEINE

LE : 20 JUILLET   1957

A ÉTÉ JUGÉ DIGNE DU GRADE DE **BACHELIER DE L'ENSEIGNEMENT DU SECOND DEGRÉ**

SÉRIE :   B

AVEC MENTION : PASSABLE

LE :   9 JUILLET 1975

le   15 SEP 1975

SIGNATURE DE L'IMPÉTRANT :

POUR LE RECTEUR ET PAR DÉLÉGATION
LE CHEF DE LA DIVISION DES EXAMENS ET CONCOURS :
P.O. l'Attaché d'Administration Universitaire

(VOIR AU DOS **AVIS IMPORTANT**)

J. DERREZ

Petit catalogue des diplômes français

Diplôme	Âge moyen des candidats	Époque de la scolarité
Certificat d'études	14 ans	fin des études primaires
B.E.P.C. (Brevet d'études du premier cycle)	14–16 ans	milieu des études secondaires
Baccalauréat	17–19 ans	fin des études secondaires
D.E.U.G. (Diplôme d'études universitaires générales)	18–21 ans	après deux années d'université
Licence	19–22 ans	après trois années d'université
Maîtrise	20–23 ans	après quatre années d'université
Doctorat	22–25 ans	après un minimum de cinq années d'université

UN PEU D'HISTOIRE

Ce fameux bac

Ce *fut*[1] Napoléon qui institua le bac. Voici quelques *étapes* dans l'histoire de cet examen qui reste le symbole des études françaises.   *phases*

- Le baccalauréat fut *instauré* en 1809. Cette année-là, *il y eut*[2] 32   *établi* candidats. En 1900, il y en avait 4.000. Aujourd'hui, il y en a plus de 250.000.

- Le bac a d'abord été un examen exclusivement masculin. La première «candidate» se présenta en 1861. (C'était une institutrice de 37 ans!) Aujourd'hui, 55% des candidats sont en réalité... des candidates.

- En 1809, le baccalauréat *comportait* deux options: lettres et sciences.   *avait* Aujourd'hui il y en a plus de 25.

[1] passé simple d'**être**   [2] passé simple d'**il y a**

NOTE: The passé simple is a literary past tense used in written rather than spoken French. If you are unfamiliar with this tense, turn to the Appendix.

- À l'origine, l'examinateur interrogeait le candidat sur une liste de questions préparées à l'avance et *tirées au sort*. En un an, le candidat devait apprendre la réponse à 500 questions différentes. Ce système *donna lieu à* la pratique du «bachotage», selon laquelle l'élève apprend par cœur un grand nombre d'informations sans en connaître nécessairement le sens.

  selected at random

  était à l'origine de

- Tous les candidats ne sont pas reçus au bac. En 1975, la proportion d'admis est d'à peu près 65%.

- Le bac se démocratise. En 1900, seulement un jeune Français sur cent passait le bac. Aujourd'hui, cette proportion est de 30%.

VOCABULAIRE: Les études

Les écoles

Un élève (une élève) va dans **une école élémentaire** ou **secondaire**.

Un lycéen (une lycéenne) va au **lycée,** école secondaire où il (elle) prépare le baccalauréat.

Un étudiant (une étudiante) va à **l'université.**

Un instituteur (une institutrice) **enseigne** dans une école élémentaire.

Un professeur enseigne dans une école secondaire ou à l'université.

Les études

Paul **est étudiant en** sciences économiques.

Marie **fait des études de** chimie.

Je **me spécialise en** français.

Marc va **suivre un cours de** math.

Voici quelques disciplines:

Disciplines scientifiques: la chimie, la physique, les math, la biologie, l'astrophysique, l'électronique

Disciplines littéraires: la littérature, les langues, la philosophie

Disciplines sociales: l'histoire, la géographie, les sciences économiques, les sciences politiques, la sociologie, la psychologie, l'anthropologie, l'archéologie

Autres disciplines: **le droit, la médecine, la pharmacie**

Les résultats

Quand on **passe un examen,** on **se présente à l'examen.**

Si on a bien travaillé, on **est reçu à l'examen** (on **réussit à l'examen**).

Si on n'a pas bien travaillé, on **est recalé** (on **rate l'examen**).

Quand on a de bonnes notes (de bons résultats), on **obtient un diplôme.**

Quand on a de mauvaises notes (de mauvais résultats), on **redouble.**

ACTIVITÉ: Questions personnelles

1. Quel(s) diplôme(s) avez-vous?
2. À quelle école (université) allez-vous?
3. Est-ce une école (université) publique ou privée?
4. Combien y a-t-il d'élèves (d'étudiants)?
5. Votre école (université) a-t-elle une équipe de basketball? de football? Comment s'appellent ces équipes?
6. Quels cours suivez-vous? Quels sont les cours que vous préférez?
7. Avez-vous l'intention de continuer vos études? Où?
8. Dans la spécialité qui vous intéresse, quelles sont les meilleures universités américaines?

ACTIVITÉ: À chacun sa spécialité

Chaque profession exige [demande] certaines qualifications. Quelles disciplines choisiriez-vous si vous vouliez avoir les professions suivantes? Choisissez au moins deux disciplines pour chaque profession.

 MODÈLE: Si je voulais être ingénieur-électronicien, *j'étudierais l'électronique et la physique.*

1. Si je voulais être médecin...
2. Si je voulais être médecin-pédiatre...
3. Si je voulais être interprète...
4. Si je voulais être journaliste...
5. Si je voulais être avocat international...
6. Si je voulais faire de la politique...
7. Si je voulais travailler dans un laboratoire scientifique...
8. Si je voulais être archéologue...

ACTIVITÉ: Vivent les études!

Voici certains aspects de la vie scolaire et universitaire. Exprimez votre opinion personnelle sur chacun d'entre eux. Dites si c'est un aspect très important, assez important ou peu important.

 MODÈLE: avoir un diplôme
Il est très important d'avoir un diplôme.

1. recevoir une formation professionnelle
2. avoir de bonnes notes
3. avoir de bons professeurs
4. avoir beaucoup d'amis
5. recevoir une bonne formation générale
6. développer ses talents
7. être en contact avec des gens intelligents
8. avoir une vie sociale active
9. pratiquer un sport
10. améliorer [*improve*] son standing social
11. apprendre une deuxième langue
12. apprendre à être tolérant
13. apprendre un métier
14. faire de la politique
15. apprendre à mieux se connaître
16. être en contact avec des gens d'un milieu social différent
17. échapper au milieu familial

ACTIVITÉ: Projet de classe

Faites un sondage dans votre classe. Demandez à chaque élève de déterminer les trois aspects les plus importants et les trois aspects les moins importants de la vie scolaire. Présentez les résultats sous forme de tableau.

plus — moins

ENQUÊTE

Pour ou contre les examens

Êtes-vous pour ou contre les examens? Voici l'opinion de cinq étudiants français.

Jean-Claude (*étudiant en lettres*):

Quand il y a des examens, on n'étudie pas pour apprendre, on étudie pour être reçu à ces examens. Les examens ne stimulent pas la curiosité intellectuelle. Ils la *détruisent*. Ils n'encouragent pas les étudiants. Ils les paralysent. Ils leur donnent aussi une idée *erronée* de leur valeur. En effet, les notes ne mesurent pas l'intelligence, le jugement, l'intuition des étudiants. Au contraire, elles mesurent leur *assujettissement* à un système rigide et *bête*. Je suis contre le système des examens parce que je le trouve profondément anti-intellectuel!

ruinent

fausse

soumission / stupide

Martine (*étudiante en médecine*):

Moi aussi, je suis étudiante en médecine, et je ne suis pas complètement d'accord avec Albert. C'est vrai, pour être médecin aujourd'hui, il faut avoir des connaissances considérables. Mais il faut être aussi généreux, honnête et humain! Est-ce que les examens mesurent ces qualités-là? Non, vraiment, posséder un diplôme n'est pas suffisant!

Henri (*étudiant en sciences*):

Jean-Claude est un idéaliste. Je ne suis pas d'accord avec lui. On ne va pas à l'université pour s'amuser. Les étudiants ne sont pas des artistes. Quand on fait des études, on doit *acquérir* une certaine discipline personnelle de travail. Les examens renforcent cette discipline et stimulent le désir d'apprendre. Je reconnais que c'est *un moyen* souvent artificiel, mais aujourd'hui tout est artificiel.

obtenir

une manière

Brigitte (*étudiante en sociologie*):

Je condamne le système des examens. Je le trouve non seulement arbitraire mais aussi amoral et dangereux. Pourquoi y a-t-il des examens? Pour sélectionner une élite professionnelle et par conséquent pour maintenir les inégalités sociales! Si on est pour la justice et la démocratie, on est nécessairement contre les examens et les diplômes.

Albert (*étudiant en médecine*):

Je n'aime pas les examens, mais je les accepte. Personnellement, je les trouve absolument nécessaires, surtout dans la société technologique actuelle. Pour être médecin aujourd'hui, il faut avoir des connaissances énormes en biologie, en physiologie, etc... Comment être sûr que les étudiants acquièrent ces connaissances si les professeurs ne les soumettent pas au *contrôle* fréquent des examens? Les examens et les diplômes *sanctionnent* le degré de compétence. Il faut les maintenir...

check

confirment

ACTIVITÉ: Débats

Prenez une position pour ou contre. Dans ce débat, vous pouvez utiliser les arguments présentés par l'un des cinq étudiants français.

1. On doit supprimer les notes.
2. On doit supprimer les diplômes.

Les cancres de génie

cancres = élèves stupides et paresseux

Est-ce que les génies ont été des élèves supérieurs? Pas nécessairement! Un grand nombre de personnes qui ont marqué leur époque considérait l'école comme *un martyre!* Des exemples? Il y en a des milliers.

une souffrance atroce

- Beethoven, Rossini et Verdi étaient mauvais... même en musique.

- Léonard de Vinci, Gauguin, Monet, Picasso étaient récalcitrants aux études.

- Newton, Darwin et Pasteur ont *récolté* des places de derniers.

  obtenu

- Mendel, qui découvrit les lois de l'hérédité, n'a jamais pu passer l'examen de *maître d'école.*

  instituteur

- Einstein, le père de la relativité, était d'une nullité scandaleuse dans certaines disciplines: la botanique, la zoologie et l'anglais.

- Franklin et Gandhi étaient *nuls* en calcul.

  zéro

- Churchill était totalement allergique au latin.

- Napoléon, le génie militaire de son temps, était incapable d'utiliser un *fusil*... Mais à l'école c'était une terreur. Il se battait contre ses camarades. Il torturait son frère Joseph. Il ridiculisait ses professeurs. Il ne respectait qu'une seule personne: sa mère.

Conclusion: Il n'y a pas de *règle* pour devenir un génie.

méthode

○ DOCUMENT_____ ○

Études en France

Avez-vous l'intention de continuer vos études en France? Un certain nombre d'universités françaises offre des cours pour étrangers. Voici le programme des cours offert à l'université de Paris IV et un bulletin d'inscription.

DÉPARTEMENT EXPÉRIMENTAL
D' ÉTUDE
DE LA CIVILISATION FRANÇAISE

Directeur : G. MATORÉ

UNIVERSITE DE PARIS-SORBONNE (PARIS IV)

ÉTUDIANTS ÉTRANGERS

Si vous restez à Paris pendant une année ou pendant un semestre
vous pouvez choisir entre les cours suivants :

COURS DE CIVILISATION FRANÇAISE
DE LA SORBONNE
Galerie Richelieu
47, rue des Écoles -75005 PARIS
Tél. 325 24 13
Postes 3430, 3431, 3854 et 3859

ANNEE UNIVERSITAIRE	COURS	REMARQUES	NOMBRE D'HEURES PAR SEMAINE	SANCTION DES ETUDES (1)	MONTANT DE L'INS-CRIPTION
Du 2 juillet à mi-juin	PREPARATION AU MAGISTERE DE LANGUE ET DE CIVILISATION FRANÇAISES : SESSION SPECIALE D'ETE ET SECTION UNIVERSITAIRE	Réservée aux étudiants titulaires du B.A. d'une université américaine.	**Session spéciale d'Eté : 25 h** cours pratiques : 25 heures **Section universitaire : 34 h** travaux pratiques : 10 heures conférences : 20 heures séminaires : 4 heures	Magistère de Langue et de Civilisation françaises : Certificat de Langue et de Civilisation françaises et Diplôme d'Etudes de Civilisation française : Section Universitaire.	Eté : 1 400 F Année : 1 200 F
De mi-octobre à mi-juin	SECTION UNIVERSITAIRE	Réservée aux étudiants ayant le niveau d'une 2ᵉ année d'Université française et une très bonne connaissance du français.	**34 heures** conférences : 20 heures travaux pratiques : 10 heures séminaires : 4 heures	Diplôme d'Etudes de Civilisation française : Section Universitaire. Rédaction et soutenance d'un mémoire de 50 pages.	1 200 F
De mi-octobre à mi-février ou De mi-février à mi-juin	SECTION SEMESTRIELLE SUPERIEURE	Réservée aux étudiants ayant l'équivalence du baccalauréat et une très bonne connaissance du français.	**34 heures** conférences : 20 heures cours pratiques : 10 heures séminaires : 4 heures	Diplôme d'Etudes de Civilisation française : Cours universitaire semestriel.	600 F
Tous ces enseignements peuvent être suivis pendant 1 ou 2 semestres : (2)	Inscription Totale : CONFERENCES ET COURS PRATIQUES	Enseignement complet. Conférences et cours pratiques.	**26 heures** conférences : 20 heures cours pratiques : 6 heures (3 fois 2 heures matin ou après-midi)	Diplôme de Langue et Civilisation françaises, degré **Annuel** ou **Semestriel** ou Certificat de Langue française. Certificat de présence.	480 F
	Inscription Totale : CONFERENCES ET COURS PRATIQUES INTENSIFS	Enseignement complet. Conférences et cours pratiques, avec phonétique et grammaire programmée.	**32 heures** conférences : 20 heures cours pratiques : 12 heures (matin ou après-midi)	Diplôme de Langue et Civilisation françaises, degré **Annuel** ou **Semestriel** ou Certificat de Langue française. Certificat de présence.	600 F
	CONFERENCES	Littérature, art, histoire, problèmes économiques, politique, etc. par des professeurs des Universités de Paris.	**20 heures**	Pas d'examen. Certificat d'inscription.	350 F
Semestre d'Hiver De mi-octobre à mi-février	COURS PRATIQUES	A tous les niveaux : sauf pour les débutants.	**6 heures** 2 heures 3 jours par semaine matin ou après-midi	Certificat de Langue française (supérieur, moyen). Certificat de présence.	430 F
Semestre de Printemps De mi-février à mi-juin	COURS PRATIQUES INTENSIFS	A tous les niveaux : avec phonétique et grammaire programmée.	**12 heures** 2 heures par jour 6 jours par semaine	Certificat de Langue française (supérieur, moyen, élémentaire). Certificat de présence.	550 F
	COURS PREPARATOIRE	Méthode audio-visuelle pour les étudiants débutants.	**25 heures** 5 heures par jour 5 jours par semaine	Certificat de Langue française (degré élémentaire). Certificat de présence.	1 400 F
	COURS PREPARATOIRE SPECIAL (langue et civilisation françaises)	Réservé aux étudiants ayant suivi pendant le semestre d'hiver le degré préparatoire.	**25 heures**	Certificat de Langue et Civilisation françaises. Certificat de présence.	1 400 F
Pendant toutes les sessions	COURS COMPLEMENTAIRES : — PHONETIQUE	Par petits groupes en laboratoire.	Par séries de : **10 heures** **30 heures** 1 heure par jour	Attestation.	100 F 250 F
	— CONVERSATION	Par petits groupes.	Par séries de : **10 heures** **30 heures**	Attestation.	100 F 250 F
	— TRADUCTION	Anglais, italien, allemand, espagnol.	Par séries de : **12 heures**	Attestation.	100 F
	VISITES DE MUSEES	Par des conférencières des musées de France.	**Le dimanche matin**		25 F
	EXCURSIONS	1 ou 2 journées (samedi et dimanche)	Mont Saint-Michel, Châteaux de la Loire, Fontainebleau, Chantilly, Versailles, la Normandie, etc.		De 50 F à 150 F
	SERVICE D'ACCUEIL		Service de logement, 15, rue Champollion, 75005 Paris		Service gratuit

(1) Droits d'examens : de 20 à 50 F selon la nature de l'examen.
(2) Chaque semestre comprend : 12 semaines de cours.
1 semaine d'examens.

Congés : Noël : environ 10 jours
Pâques : 2 semaines

Conditions d'inscription : passeport, 1 photo d'identité :
Equivalences exigées pour les cours universitaires.
L'inscription est faite personnellement par l'étudiant à Paris.
Elle est payable **en argent français** au Secrétariat des cours.
L'inscription est définitive. Aucun remboursement n'est accordé.
Les inscriptions et les tests de classement ont lieu pendant les 10 jours qui précèdent le début de chaque semestre.

VARAP Paris

La profession

DOCUMENT

Photographe 35 ans

Artisan 45 ans

Photographe 39 ans

Boucher 43 ans

Cordonnier 62 ans

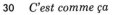
présentant 40 ans

Inspecteur 47 ans

Vendeur 35 ans

Retraité 64 ans

Ajusteur 45 ans

Architecte 39 ans

Tourneur 40 ans

Secrétaire 44 ans

Technicien 53 ans

Ingénieur 52 ans

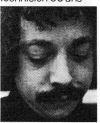

Patron 40 ans

Fleuriste 36 ans

Charcutier 35 ans

Décorateur 50 ans

Commerçant 44 ans

Ménagère 48 ans

Graphiste 43 ans

Vendeuse 38 ans

Employé 59 ans

Gérant 39 ans

Banquier 47 ans

Directeur 50 ans

Boulanger 41 ans

Illustrateur 43 ans

Charbonnier 54 ans

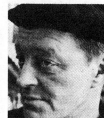

Institutrice 42 ans

Buraliste 58 ans

Nous, les jeunes 31

VOCABULAIRE: Le travail

avoir un job, un emploi (à mi-temps, à temps complet), **un métier, une profession**

> **Un métier** en général requiert **des qualités manuelles.**
>> Voici quelques métiers: **un plombier, un mécanicien, un maçon.**
> **Une profession** met l'accent sur **les qualités intellectuelles.**
>> Voici quelques professions: **un avocat** [*lawyer*]**, un ingénieur, un médecin.**
> **Un métier** peut être **excitant, intéressant, passionnant...** ou au contraire, **rébarbatif, ennuyeux, sans intérêt.**

être ouvrier (ouvrière) [*worker*]**, employé** (employée)**, cadre** [*executive*]**, patron** (patronne) [*boss*]

> **Un patron** peut être **indulgent, tolérant, sympathique...** ou au contraire, **sévère, intolérant, tyrannique.**
> **Un employé** peut être **consciencieux** et **travailleur...** ou au contraire, **peu consciencieux** et **paresseux.**

travailler dans une grande (petite, moyenne) **entreprise, une usine** [*factory*]

faire carrière dans les affaires (le commerce, l'industrie), la diplomatie, l'enseignement [*education*]**, la politique**

 Il n'y a pas de sots[1] métiers.
À chacun son métier.

ACTIVITÉ: Questions personnelles

1. Avez-vous un job? Est-ce un job à mi-temps ou à temps complet? Est-ce un job fatigant? intéressant? ennuyeux? bien rémunéré? Où est-ce que ce job est situé? En quoi consiste-t-il? Est-ce que votre patron(ne) est une personne sympathique? sévère? Comment s'appelle-t-il (elle)?
2. Avez-vous déjà travaillé dans une usine? dans un laboratoire? dans une petite entreprise? dans un magasin?
3. Quelle profession ou quel métier voulez-vous exercer après vos études?
4. Êtes-vous plus qualifié(e) pour le travail manuel ou le travail intellectuel?

[1] stupides

Les jeunes et le travail

«Quelle est la condition la plus importante pour réussir dans la profession que vous choisissez?» Un magazine français, l'*Express,* a posé cette question à plusieurs centaines de jeunes filles françaises. Voici comment celles-ci ont répondu:

l'effort personnel	50%
les relations [les gens qu'on connaît]	18%
les diplômes	17%
la chance	15%

ACTIVITÉ: **Projet de classe**

Posez la question du sondage aux élèves de la classe. Présentez les résultats sous forme de tableau et comparez-les à ceux du sondage de l'*Express.*

ACTIVITÉ: **Avantages professionnels**

Chaque profession et chaque métier a ses avantages et ses inconvénients. Voici certains avantages:

1. un travail intéressant
2. un travail créateur
3. un emploi sûr
4. une bonne rémunération
5. un grand rôle social
6. beaucoup de loisirs
7. beaucoup de responsabilités
8. beaucoup de prestige

Analysez les professions et les métiers suivants et dites quel est leur principal avantage et leur principal inconvénient d'après le modèle.

MODÈLE: professeur
La profession de professeur offre un travail intéressant. Elle n'offre pas beaucoup de prestige.

Les professions

médecin
journaliste
avocat(e)
pharmacien(ne)
pilote

antiquaire
dentiste
philosophe
photographe
chef du personnel

Les professions

assistant(e) social(e) [*social worker*]
athlète professionnel(le)
infirmier (infirmière) [*nurse*]
vendeur (vendeuse) [*salesperson*]
astronaute
acteur (actrice)
musicien(ne)
archéologue
juge
artiste
écrivain
architecte
sénateur
banquier
diplomate
ingénieur
historien(ne)

Les métiers

maçon
peintre
plombier
mécanicien(ne)
menuisier [*carpenter*]
standardiste [*telephone operator*]
électricien(ne)
pâtissier (pâtissière) [*pastry cook*]
cuisinier (cuisinière) [*cook*]

ACTIVITÉ: **Extrêmes**

Comment classez-vous les professions d'après les critères suivants?

	Les trois professions les plus...	Les trois professions les moins...
passionnantes		
dangereuses		
intellectuelles		
utiles		
prestigieuses		
fatigantes		

ACTIVITÉ: **À chacun son métier**

Quel(s) métier(s) ou quelle(s) profession(s) exerce-t-on quand on a certaines prédispositions? Complétez les phrases suivantes avec **on est** + nom de métier ou de profession.

▶ MODÈLE: Quand on aime la politique... *on est sénateur.*

1. Quand on aime la mécanique...
2. Quand on aime prendre des risques...
3. Quand on n'aime pas prendre de risques...
4. Quand on aime voyager...
5. Quand on a le sens des affaires...
6. Quand on veut aider les autres...
7. Quand on veut gagner beaucoup d'argent...
8. Quand on parle plusieurs langues...
9. Quand on a un grand talent artistique...
10. Quand on a beaucoup d'énergie...

L'argent et le travail

«Est-ce que l'argent est un stimulant professionnel important?» Voilà les résultats de l'enquête de l'*Express*.

C'est un stimulant indispensable.	35%
C'est un stimulant important, mais il y en a d'autres qui sont aussi importants.	52%
C'est un stimulant peu important.	6%
L'argent ne joue pratiquement aucun rôle.	4%
Sans opinion	3%

DOCUMENT

L'offre et la demande

ACTIVITÉ: Analyse

1. Pour chaque offre d'emploi, identifiez la compagnie qui cherche du personnel (son nom, son adresse, sa nationalité), l'emploi qui est offert, les qualités requises.
2. Parmi les quatre offres d'emploi, quelle est celle qui vous intéresse le plus? Quelle est celle qui vous intéresse le moins?
3. Imaginez que vous êtes en France et que vous cherchez du travail. Préparez une petite annonce de demande d'emploi. Utilisez l'une des quatre demandes comme modèle.

Demande d'emploi

ENQUÊTE

Les mères au travail

Autrefois, le rôle de la femme mariée était strictement limité aux travaux de la maison. Aujourd'hui, beaucoup de mères travaillent en dehors de chez elles. Pourquoi? Voici quelques raisons:

Madame Collet:

J'ai 32 ans et un bébé de six mois. Je suis vendeuse dans un grand magasin. Je ne gagne pas énormément—2.000 francs par mois.

Là-dessus, je dépense 50 francs par jour pour faire garder mon bébé. **sur cet**
Et puis, il y a les autres dépenses: le transport, les vêtements... et les
impôts. Le bénéfice est maigre. Pourtant, je n'ai pas hésité à con- **taxes**
tinuer à travailler. Je sors de chez moi. Je vois d'autres choses que
les quatre murs de ma cuisine. Je vois d'autres personnes que mon
mari. Je ne suis plus en prison.

Madame Roumois:

J'ai 45 ans. Mes trois enfants sont à l'université et au lycée. Ils sont
assez grands pour s'occuper d'eux-mêmes. Je suis secrétaire. J'ai
repris le travail que j'avais avant de me marier.

Madame Allard:

J'ai 34 ans et deux enfants. J'ai aussi une licence d'anglais et un
diplôme de traductrice. Avant de me marier, je travaillais pour une
banque internationale. J'ai continué. Pour moi, c'est une nécessité
intellectuelle.

Madame Baron:

Si je travaille, c'est par nécessité économique. Mon mari est employé
de banque. Il ne gagne pas assez pour que nous donnions à nos enfants
ce que nous, nous n'avons pas eu. Oui, c'est par sacrifice que je travaille. Autrement je préférerais rester chez moi.

Madame Launay:

Je suis décoratrice. C'est une profession intéressante et qui paie bien.
En fait, je gagne plus que mon mari. Je ne crois pas que mes enfants
(une fille de 15 ans et un garçon de 13 ans) souffrent de mon absence.
Ils ont leurs copains et avec ce que je gagne, je peux leur offrir le ski
chaque hiver et les vacances à l'étranger en été.

Madame Mercier:

Si je travaille, c'est pour préserver l'équilibre entre mon mari et moi.
Équilibre économique, mais aussi psychologique et intellectuel. La
détermination des femmes à avoir une activité professionnel est irréversible. C'est la seule façon de maintenir l'égalité entre l'homme et
la femme.

Le nombre d'enfants et le travail des femmes (mères de 25 à 35 ans)

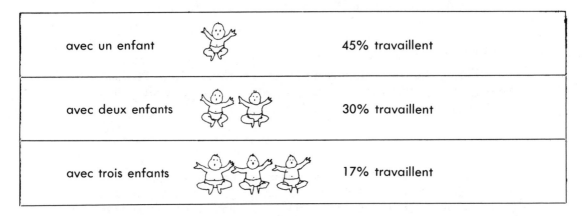

avec un enfant	45% travaillent
avec deux enfants	30% travaillent
avec trois enfants	17% travaillent

ACTIVITÉ: Analyse

Analysez les opinions qui ont été exprimées dans l'enquête. Pour chacune de ces opinions, dites si vous êtes tout à fait d'accord, partiellement d'accord ou pas du tout d'accord.

DEUXIÈME PARTIE

Au jour
le jour

La voiture

DOCUMENT

Le Supercar

A LA VILLE ET SUR LA ROUTE... ON M'APPELLE AUSSI SUPERCAR.

Astucieuse en ville, sûre et confortable sur la route, la Renault 5 c'est Supercar.

3,50 m de long (15 cm de moins que l'ancienne 4 cv) - 3 portes - Pare-chocs boucliers en polyester armé - 4,90 m de rayon de braquage - 4/5 places - Traction avant - 4 roues indépendantes - Suspension à grand débattement. 2 versions à partir de 9.740 F* t.t.c.

Version L : moteur 782 cm3, 36 ch SAE, plus de 120 km/h.

Version TL : moteur 956 cm3, 47 ch SAE, plus de 135 km/h, freins avant à disque.

Avec sa carrosserie tout acier formant châssis-coque, son freinage puissant et progressif, son habitabilité exceptionnelle, son coffre spacieux, extensible et accessible par une 3e porte, elle a tout ce qu'il faut pour rendre un vrai service, tout ce qu'il faut pour être efficace comme une Renault.

C'est pour cela qu'on l'appelle aussi Supercar.

*plus frais de transport et de mise à disposition.

PUBLICIS F 4097

Une voiture peut être...
rapide
pratique
économique
confortable
sobre
raffinée et élégante
propre

Au contraire, elle peut être...
lente
encombrante
chère
inconfortable
coûteuse à entretenir
lourde
polluante

ACTIVITÉ: **Comparaisons**

Il y a d'autres moyens de transport que l'automobile. Comparez les moyens de transport suivants à l'automobile en utilisant les adjectifs ci-dessus et les expressions **plus... que, moins... que, aussi... que.**

MODÈLE: la bicyclette
La bicyclette est plus économique, mais plus lente que l'automobile. Elle est aussi moins confortable, mais aussi moins encombrante et moins coûteuse à entretenir, et surtout moins polluante.

1. la moto
2. le bus
3. l'avion
4. le train
5. le bateau

ACTIVITÉ: **Classement**

Voici certaines voitures:
Voitures américaines: Chevette, Pinto, Corvette, Lincoln, Cadillac
Voitures allemandes: Volkswagen, Porsche, Mercédès
Voitures anglaises: Jaguar, Rolls-Royce
Voitures japonaises: Toyota, Honda
Voitures françaises: Renault, Peugeot, Citroën

Classez ces voitures en utilisant les critères ci-dessous.

MODÈLE: économique
La voiture la plus économique est la Chevette.
La voiture la moins économique est la Cadillac.

1. rapide
2. pratique
3. confortable
4. élégante
5. polluante
6. encombrante [qui prend beaucoup de place]
7. chère
8. sobre [qui consomme peu d'essence]

VOCABULAIRE: Le transport

Les moyens de transport individuel
    le vélo ou **la bicyclette**
    la moto
    la voiture ou **l'automobile**

Les moyens de transport en commun
    le bus—pour le transport en ville
    le métro—pour le transport en ville
    le car—pour le transport interurbain
    le train—pour le transport interurbain
    le bateau—pour le transport maritime
    l'avion—pour le transport aérien
    la fusée—pour le transport interplanétaire

Les problèmes de transport
    la circulation
        Il faut **s'arrêter** aux **feux-rouges** [*traffic lights*].
        Il faut **éviter les embouteillages** [*traffic jams*].
        Il faut **respecter la limitation de vitesse** [*speed limit*].

    le stationnement
        On peut **garer** (stationner) sa voiture dans **la rue**, devant **un parc-mètre**, dans **un parc de voitures payant**.

Le coût de la voiture
    Il faut **payer l'essence** [*gas*] et **l'entretien** [*upkeep*], **les assurances** [*insurance*] et **la vignette** [*automobile tax*], **les réparations** [*repairs*], **les contraventions** [*tickets*].

ACTIVITÉ: **Comment acheter une voiture**

Quand on achète une voiture, on fait attention à certains facteurs. Par exemple:

le confort	la pollution
la vitesse	le coût des réparations
l'élégance	le prestige
la sécurité	le problème du stationnement
la consommation d'essence	le coût des assurances

Imaginez que les personnes suivantes doivent acheter une voiture. Pour chacune de ces personnes, dites: (*a*) quel est le facteur qui a le plus d'importance; (*b*) quel est le facteur qui a le moins d'importance:

1. pour un teenager
2. pour un champion automobile
3. pour le président d'une compagnie
4. pour une jeune femme
5. pour une personne âgée
6. pour vous

VOCABULAIRE: L'auto

Comment **conduire**
Avec la clé, vous **mettez le contact.**
La voiture **démarre.**
Pour avancer, vous **appuyez sur l'accélérateur** (vous **accélérez**).
Pour changer de vitesses, vous **appuyez sur l'embrayage.**
Pour vous arrêter, vous **appuyez sur le frein** (vous **freinez**).

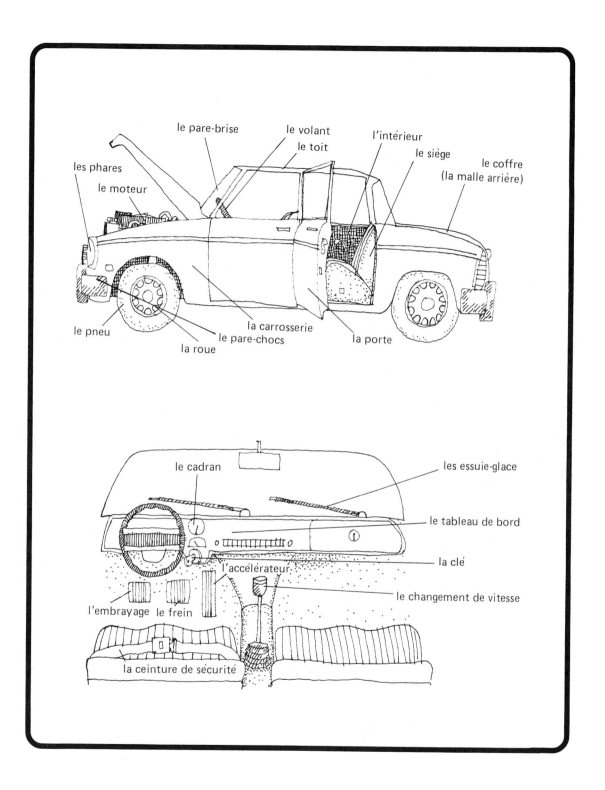

le pare-brise le volant le toit l'intérieur le siège le coffre (la malle arrière)

les phares le moteur

le pneu la roue le pare-chocs la carrosserie la porte

le cadran les essuie-glace le tableau de bord la clé

l'accélérateur le changement de vitesse

l'embrayage le frein

la ceinture de sécurité

ACTIVITÉ: **Questions de circonstances**

Quels sont les éléments les plus importants de la voiture dans les circonstances suivantes:

1. quand il pleut
2. quand il neige
3. la nuit
4. quand on part en vacances
5. quand on veut impressionner ses amis
6. dans un accident

ACTIVITÉ: **Questions personnelles**

1. Savez-vous conduire?
2. Avez-vous une voiture? Quelle est sa marque [*make*]? Est-ce une voiture neuve ou une voiture d'occasion [*used*]?
3. Quelle voiture voudriez-vous avoir?
4. Est-ce que vos parents ont une voiture? Est-ce qu'elle marche bien? Est-ce qu'elle a de bons freins? des pneus neufs?

Quelques consignes de la sécurité routière:

Pas d'alcool au volant

Au volant, la vue c'est la vie

BOUCLEZ-LA!

La voiture, objet d'art

Pour la majorité d'entre nous, la voiture est un moyen de transport. Elle peut être aussi un moyen d'évasion, un passe-temps, un objet de prestige, une extension de la personnalité... La voiture est nécessité ou luxe... Peut-elle être aussi objet d'art? Oui, quand elle est compressée! Telle est l'opinion de César Boldaccini.

Cet artiste contemporain, plus simplement connu sous le nom de César, représente l'avant-garde de la sculpture française. Sa spécialité est la compression et son matériau préféré est la voiture. Aujourd'hui, les voitures compressées de César *ornent* un grand   se trouvent dans nombre de collections privées et certains grands musées comme le Musée d'Art Moderne de Paris. L'appétit de César ne se limite pas à l'auto. Plus récemment, ce sculpteur s'est attaqué à la moto... motos *d'occasion,* puis Honda toute neuves. «Génial» s'exclament les ama-   *used* teurs d'art. «Scandaleux» déplorent les passionnés de la moto.

Que faut-il voir dans les compressions de César? Pour certains ces compressions symbolisent *la revanche* de l'homme sur la machine.   vengeance Pour d'autres, elles représentent le monde comme il est, fragile et décadent.

SONDAGE
La passion du volant

Les Français (et les Françaises) ont la passion de volant. Rien ne les arrête! Ni les contraventions, ni les accidents, ni la limitation de vitesse... Pas même la crise du pétrole. C'est ce qu'a révélé un sondage fait par l'*Express* peu après *l'augmentation*   *increase* du coût de l'essence. Voici le résultat de l'enquête menée par ce magazine.

— Oui, les petites cylindrées sont plus pratiques, en ville !

1. Pourriez-vous vous *passer de* votre voiture en utilisant les transports   vivre sans
en commun?

non	60%
oui, mais avec quelques difficultés	23%
oui, aisément	14%

2. Respectez-vous la limitation de vitesse à 90[1] km. sur route?

toujours	49%
souvent	29%
de temps en temps	18%
jamais	4%

3. Pour vous, que représente *la propriété* d'une voiture?   possession

une nécessité dans votre vie de tous les jours (travail, *trajets*, etc.)	53%
la liberté de se *déplacer* quand vous le voulez	36%
un instrument nécessaire pour les week-ends	3%
un moyen plus économique, au total, que l'emploi systématique d'autres moyens de transport	3%
un instrument nécessaire surtout à vos vacances	3%
le plaisir de conduire	2%

petits voyages
changer d'endroit

4. Combien de kilomètres faites-vous chaque année avec votre voiture?

moins de 7.500 km.	27%
de 7.500 à 15,000 km.	36%
de 15.000 à 25.000 km.	20%
plus de 25.000 km.	14%
ne sait pas	3%

5. Dans quel domaine est-ce qu'on doit *améliorer* l'automobile?   *improve*

la sécurité	35%
la lutte contre la pollution	28%
un mode de propulsion plus économique	17%
une *moindre* consommation d'essence	16%
une diminution de *la taille* de la voiture	2%
un mode de guidage automatisé	2%

combat

plus petite
grandeur

[1] *55 m.p.h.*

ACTIVITÉ: Débats

Prenez une position pour ou contre.

1. Il faut interdire [*prohibit*] la voiture dans les villes.
2. Il faut interdire l'utilisation de la voiture le week-end.
3. La voiture est une invention qui a contribué au progrès de la civilisation.
4. La voiture est un symbole de liberté.

66 L'automobile rend heureux à condition d'en sortir. **99**

Le temps qui court

DOCUMENT

Pour mesurer le temps...

Ponctualité

Un Américain vous donne rendez-vous à deux heures. Comptez sur lui! Il sera là à deux heures précises, ou même un peu avant. Un Français vous donne rendez-vous à la même heure. Ne soyez pas étonné s'il vient à deux heures dix ou deux heures et demie ou trois heures. Peut-être même oubliera-t-il votre rendez-vous... Autre pays, autres mœurs.

Vertu cardinale des Américains, la ponctualité n'est pas le point fort des Français (ni des Françaises). En France, la notion de temps est extensible et il faut savoir interpréter. Voici comment:

Expression	Sens réel
à deux heures précises	entre deux heures et quart et deux heures et demie
à deux heures	pas avant deux heures et demie
dans un moment	dans une demi-heure
dans un instant	dans une heure
dans une petite minute	jamais
attendez quelques instants	revenez dans une heure
attendez un peu	revenez demain
attendez un petit peu	revenez la semaine prochaine

VOCABULAIRE: Le temps qui passe

L'heure

Quelle heure est-il? Il est dix heures **du matin,** une heure **de l'après-midi,** onze heures **du soir.**

À quelle heure vient-il? À midi/à minuit, à deux heures précises (à deux heures exactes).

Il **a de l'avance;** il vient avec **dix minutes d'avance.**

Il **est à l'heure.**

Il **a du retard;** il vient avec **vingt minutes de retard.**

La durée

un instant, un moment

une seconde, une minute, un quart d'heure, une demi-heure, une heure

un jour (une journée), **une semaine, un mois, un an** (une année)

un siècle = 100 ans: au deuxième siècle avant (après) Jésus-Christ

une époque: à votre époque

La mesure du temps

Le chronomètre indique les secondes.

La montre se porte au poignet.

Une horloge indique l'heure et les minutes.

Une pendule est une petite horloge.

Un réveil (un réveille-matin) est indispensable quand on a le sommeil lourd.

Une montre peut **indiquer l'heure exacte, avancer** de dix minutes, **retarder** de trois minutes.

Que fait-on de son temps?

On peut...**consacrer son temps à** des choses utiles

avoir de nombreux passe-temps

avoir le temps de faire du sport

avoir beaucoup de temps libre

perdre son temps

trouver le temps long

tuer [*kill*] **le temps**

Tables

TOURS → PARIS-AUST.

TOURS (D)	2 6	3 14	4 54	5 17	6 33	7 12	7 53	9 »	9 35	11 6	11 14	11 32	12 9	13 31	14 29	15 10	15 37	16 30	17 10	18 19	18 19	18 4	
St-Pierre-des-C. (D)		3 27	5 3	5 26	6 39	7 17	8 2		9 44	11 11	11 20	11 38	12 17		14 38	15 19		16 41	17 19	18 25	18 25	19	
Amboise (D)					6 53				9 17	11 25	11 34						15 54					19	
Onzain (D)									9 29		11 45						16 7					19	
BLOIS (D)	2 51	4 15				7 12	7 44	8 29	9 43	11 45	11 58	12 4		14 2			16 19	17 12		18 51	18 55	19 2	
Mer (D)									9 57								16 32					19 4	
Beaugency (D)									10 8								16 42					19	
Meung-sur-Loire (D)									10 16								16 50					20	
Les Aubrais (A)	3 36					7 43	8 23	8 57	10 29		12 15			14 38			16 19	17 3	17 45	18 19	19 28	20	
ORLÉANS (A)	3 46	5 15	6 15		7 51	8 15	9 5	10 39		12 23		12 35		14 33	16 29	17 11	17 53	18 26	19 23	19 36	20		
PARIS-AUST. (A)	5 25	6 29	7 21	7 51	8 47	9 23	9 58	11 40	11 32	13 29	13 42	14 5	15 38	16 35	17 28	18 15	18 53	19 23	20 30	20 33	21		

Named trains (top): PYRÉNÉES-EXPRESS, IBÉRIA-EXPRESS, LE DRAPEAU, SUD-EXPRESS

PARIS-AUST. → TOURS

PARIS-AUST. (D)	6 16	6 45	6 50	7 10	7 52	7 55	9g 3	9 15	10 43	11 30	12 10	13 39	14 »	17 5	17 30	17 34	18 6	18 30	18 35	19 23	19 55		
ORLÉANS (D)	7 23		7 48	8 6		8 44	10 12		11 50		13 10	14 44		17 58						20 20	21 »		
Les Aubrais (D)			7 57	8 14		8 55	10 19		11 42		13 18	14 57		18 7						20 30	20 53		
Meung-sur-Loire (D)				8 8			10 32					15 11									21 13		
Beaugency (D)				8 13			10 39					15 19									21 18		
Mer (D)	7 54			8 21			10 48		12 22		13 52	15 29			19 10						(m)21 26		
BLOIS (D)			8 33	8 47			11 3					15 22	18 39				20 4	21 5	21 42	21 16	21 50	21 8	
Onzain (D)			8 41				11 14					15 55						21 16	21 29	22 2	22		
Amboise (D)			8 52				11 27					16 7					21 43	22 15	22			
St-Pierre-des-C. (A)	8 20	8 29	9 6	9 15	9 24	9 48	10 59	12 47	13 12	14 21	16 20	15 47	19 11	19 18	19 22	20 »	20 17	20 31	20 38	21 50	22 20	22	
TOURS (A)	8 27	8 38	9 11	9 22	9 32	9 55	11 47	11 11	12 53	13 21	14 31	16 27	15 54	19 18	19 32	19 41	20 10	20 25	20 38	21	22 20	22	

Named trains (bottom): L'ÉTENDARD, SUD-EXPRESS, L'AUNIS

ACTIVITÉ: Êtes-vous ponctuel(le)?

Est-ce que la ponctualité est une de vos qualités? Pour déterminer cela, complétez les phrases ci-dessous avec l'une des expressions suivantes:

> je suis en avance
> j'ai généralement (dix minutes) d'avance
> je suis à l'heure
> je suis en retard
> j'ai généralement (dix minutes) de retard

1. Quand je vais au cinéma...
2. Quand j'ai rendez-vous avec mon (ma) meilleur(e) ami(e)...
3. Quand je vais en classe...
4. Quand je prends le train...
5. Quand mon professeur veut me voir...
6. Quand mes parents m'attendent...
7. Quand je suis invité(e) à dîner...
8. Quand je suis invité(e) à une surprise-partie...

(e)	®	(d)			
20 38	20 48	21 15		D •	**TOURS**
20 50	20 56	21 21		D •	St-Pierre-des-C.
		21 35		D •	Amboise
				D	Onzain
	21 23	21 55		D •	BLOIS
				D	Mer
				D	Beaugency
				D	Meung-sur-Loire
21 46	21 52			A •	Les Aubrais
21 54	22 »			A	ORLÉANS
22 51	22 55	23 26		A	**PARIS-AUST.**

◆	◆ ®				
21 49	22 50	23 43	0 10	D •	**PARIS-AUST.**
22 51		0 50	1 7	D	ORLÉANS
22 59		0 58	1 15	D •	Les Aubrais
				D	Meung-sur-Loire
				D	Beaugency
				D •	Mer
		1 36	1 48	D •	BLOIS
				D	Onzain
			2 7	D •	Amboise
23 59	0 55	2 15		A •	St-Pierre-des-C.
0 8	1 4	2 28	2 25	A •	**TOURS**

(Side labels: PYRÉNÉES-EXPRESS, IBÉRIA-EXPRESS)

NOTE: L'heure officielle (heures des trains, des avions, etc.) se mesure sur 24 heures:

  1 heure de l'après-midi = 13 heures
  7 heures et demie du soir = 19 heures 30

ACTIVITÉ: Questions personnelles

1. Avez-vous une montre? Est-ce une montre à aiguilles [*hands*] ou une montre digitale?
2. Quelle est la marque de votre montre? Est-ce une marque américaine? suisse? française? japonaise?
3. Est-ce que votre montre retarde? avance? ou bien, est-ce qu'elle indique l'heure exacte?
4. Selon vous, quelles sont les meilleures montres?
5. Y a-t-il des pendules chez vous? au salon? dans la cuisine? dans votre chambre?
6. Avez-vous un réveil? À quelle heure vous réveillez-vous en semaine? le dimanche?

 L'heure, c'est l'heure.
L'exactitude est la politesse des rois.

ACTIVITÉ: Chronologie

Pouvez-vous placer ces personnages historiques dans l'ordre chronologique? Indiquez ensuite à quel(s) siècle(s) chacun a vécu.

 MODÈLE: *Socrate (470–399 av. J. C.) a vécu au 4ème (quatrième) siècle avant Jésus-Christ.*

1. Shakespeare (1564–1616)
2. Charlemagne (742–814)
3. Jules César (101–44 av. J. C.)
4. Mozart (1756–1791)
5. Léonard de Vinci (1452–1519)
6. Napoléon (1769–1821)
7. Louis XIV (1643–1715)
8. Winston Churchill (1874–1965) .

9. Jeanne d'Arc (1412–1431)
10. Rembrandt (1606–1669)
11. Hitler (1889–1945)
12. Einstein (1879–1955)
13. Platon (429–347 av. J. C.)
14. Pasteur (1822–1895)
15. Charles de Gaulle (1890–1970)

UN PEU D'HISTOIRE

Comment mesurer le temps

Antiquité:

Le premier appareil à mesurer le temps n'était pas une horloge. C'était un appareil beaucoup plus simple: **un piquet** planté dans *le sol*. L'ombre de ce piquet indiquait l'heure avec une assez grande précision.

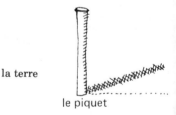

la terre

le piquet

Ce sont les Égyptiens qui ont inventé **le cadran solaire**. Cet instrument était très pratique en Égypte, pays du soleil éternel. Oui, mais comment pouvait-on mesurer le temps la nuit? ou par une journée sans soleil? Pour éviter cet inconvénient, les Anciens utilisaient aussi **le sablier,** que l'on peut évidemment utiliser de jour et de nuit.

le cadran solaire

le sablier

9ème siècle:

En signe d'amitié, le calife Haroun-al-Rachid offre un somptueux cadeau à l'empereur Charlemagne: **une clepsydre.** Une clepsydre est une horloge à eau.

la clepsydre

10ème siècle:

Un moine français, le moine Gerbert (le futur pape Sylvestre II) invente **le poids moteur** et **le balancier.** **L'horloge mécanique** est née.

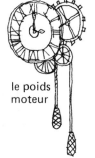
le poids moteur

monk

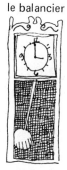
le balancier

14ème–16ème siècles:

Les horloges se perfectionnent... et se compliquent. C'est de cette époque que date la fameuse horloge de Strasbourg. Cette horloge indique non seulement l'heure, mais aussi le jour de la semaine, le jour du mois, les signes du Zodiaque, les phases de la lune, le lever et le coucher du soleil, et les fêtes de l'année catholique! Aujourd'hui, l'horloge de Strasbourg fonctionne toujours.

la pendule

la montre

17ème–18ème siècles:

L'horloge devient portative. C'est **la pendule** que l'on met sur *la cheminée* et qui devient un objet de décoration. C'est aussi **la montre** que l'on met dans sa poche.

Au 18ème siècle, un Français, Pierre Leroy invente **le chronomètre,** qui indique l'heure d'une façon extrêmement précise.

l'horloge électrique

l'horloge digitale

19ème–20ème siècles:

Le progrès technique provoque de grandes innovations dans l'industrie de l'horloge: **l'horloge électrique** au 19ème siècle, **l'horloge à quartz, l'horloge atomique, la montre digitale...** Ces instruments mesurent l'heure avec une très grande précision.

Pour ou contre le temps perdu

Michèle discute de poésie avec ses amies. Bernard regarde un match de football à la télé. Hélène fait du piano. Nathalie écoute les lamentations de sa voisine, qui lui raconte sa vie. Gérard peut passer des heures à la terrasse d'un café à regarder les passants.

Est-ce que ces gens passent un moment agréable ou bien est-ce qu'ils perdent leur temps? Cela dépend du point de vue de chacun. Nous avons sollicité l'opinion de neuf jeunes Français sur le «temps perdu». Voici leurs réponses:

POUR

Sylvie: Je n'ai jamais l'impression de perdre mon temps. Quand je lis, quand je me promène, même quand je rêve, je fais quelque chose d'agréable.

Marc: Je suis pour le temps perdu *du moment que* je passe ce «temps perdu» avec mes amis, mes copains. Bien sûr, je suis contre le temps qu'on perd avec *les raseurs*.

si

gens sans intérêt

Jeannette: Tout loisir, toute *détente,* tout *rapport* humain, ou même toute rencontre avec *soi-même* est quelque chose d'enrichissant. Je ne vois pas comment on peut «perdre son temps».

travail / échange
oneself

Jacques: S'il n'y avait pas le temps perdu, les loisirs, les week-ends, les vacances, il n'y aurait rien dans l'existence.

Françoise: Pour moi, le temps le plus précieux, c'est le temps que je passe à écouter, à regarder, à *réfléchir,* à *prendre conscience* de mon existence. C'est le temps que la majorité des gens considère comme du temps perdu.

penser / m'apercevoir

CONTRE

Robert: Je suis une personne organisée et j'ai horreur de perdre mon temps. Le temps perdu, c'est une occasion de moins de faire quelque chose d'utile.

Isabelle: Quand je perds mon temps, je me sens malade, *déprimée,*   en état de dépression
inutile... Si, par exemple, je passe mon dimanche à regarder la télé, invariablement le soir, j'ai mal à la tête.

Paul: Je suis contre le temps perdu, c'est-à-dire, le temps qui n'ap-
porte rien. Par exemple, *nettoyer* ma chambre, faire la cuisine,   arranger
prendre un train, lire un livre idiot, regarder une émission de télé stupide, discuter avec des imbéciles...

Thérèse: L'existence est trop brève pour que l'on perde son temps!

ACTIVITÉ: Discussion

Avec quelle position exprimée dans l'Enquête vous identifiez-vous le plus? Pourquoi?

ACTIVITÉ: Passe-temps

Il y a différentes façons de passer son temps. Que pensez-vous des occupations suivantes? Dites si...

    a. *c'est perdre son temps.*
    b. *c'est utiliser son temps de façon agréable.*
    c. *c'est employer son temps de façon utile.*

1. étudier
2. travailler
3. préparer ses leçons
4. apprendre le français
5. aller à l'université
6. aller à un concert
7. aller au théâtre
8. faire du sport
9. faire la cuisine
10. faire du karaté
11. faire des mots-croisés
12. faire de la méditation transcendentale
13. faire du yoga
14. jouer au tennis
15. jouer aux cartes
16. sortir avec ses amis
17. lire un roman policier
18. lire de la poésie
19. lire son horoscope
20. écrire à ses amis
21. écrire un roman
22. se reposer
23. faire la sieste
24. regarder la télé
25. écouter des disques
26. jouer de la guitare
27. collectionner les timbres

Maintenant questionnez vos camarades sur leurs occupations, d'après le modèle.

 MODÈLE: étudier
    Vous: Est-ce que tu étudies?
    Votre camarade: Non, je n'aime pas perdre mon temps.
        ou: *Oui, j'aime utiliser mon temps de façon agréable.*

        ou: *Oui, j'aime employer mon temps de façon utile.*

ACTIVITÉ: Comment «tuer» le temps?

Qu'est-ce que vous faites dans les circonstances suivantes?

1. Quand j'ai cinq minutes à perdre...
2. Quand j'ai une heure à perdre...
3. Quand j'ai un après-midi de libre...
4. Quand j'ai une journée de libre...
5. Quand je ne sais pas quoi faire...
6. Quand je m'ennuie...
7. Quand mes amis sont en retard à un rendez-vous...
8. Le week-end, quand il pleut...

Maintenant, demandez à vos camarades ce qu'ils font dans les mêmes circonstances.

MODÈLE: *Vous: Qu'est-ce que tu fais quand tu as cinq minutes à perdre?*

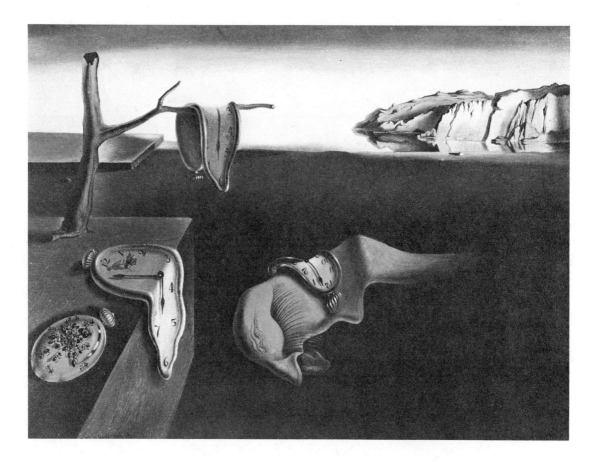

Le temps, c'est de l'argent.
Il faut être de son temps.
Chaque chose en son temps.
Tout arrive à qui sait attendre.
Le temps perdu ne se rattrape jamais.
Tout s'arrange avec le temps.

ACTIVITÉ: Commentaires

1. Pensez-vous que ces proverbes soient exacts?
2. Illustrez l'un de ces proverbes avec une anecdote ou le récit d'une expérience personnelle.
3. Y a-t-il des proverbes américains qui expriment la même idée que les proverbes français ci-dessus? Quels sont ces proverbes?

DOSSIER 7

Pour garder la forme

DOCUMENT _____

NE FAITES PAS COMME LUI !

VENEZ ou TELEPHONEZ au

GYMNAUTE

**POUR PERDRE 3 KILOS
ET RETROUVER LA FORME**

Dames — Messieurs

CET HOMME
EST INACTIF...

Tél. : 05.42.33

12, r. Emile-Zola - TOURS

VOCABULAIRE: En bonne forme

La santé?
Vous **avez de bonnes couleurs.**
Vous **avez l'air reposé.**
Vous **respirez la santé.**
Vous êtes **en bonne santé!**
Vous vous portez bien.

Ou la maladie?
Vous êtes **pâle.**
Vous **avez l'air fatigué.**
Vous êtes **maladif (maladive).**
Vous êtes **malade!**
Avez-vous **de la fièvre?**
  la grippe? l'appendicite?
Avez-vous **mal à la tête?**
  au ventre? au dos?

La forme: oui?
Vous êtes **en forme.**
Vous vous sentez bien.
Vous êtes **athlétique.**

Ou non?
Vous **n'avez pas l'air en forme.**
Vous vous sentez mal.
Vous êtes **chétif (chétive).**

La ligne
Vous devez **surveiller votre ligne!**
Êtes-vous au régime? Suivez-vous un régime?
Si vous êtes **maigre,** il faut **grossir.** Il faut **prendre du poids.**
Si vous êtes **trop gros,** il faut **maigrir.** Il faut **perdre des kilos.**

ACTIVITÉ: Halte aux calories!

Dites si les activités suivantes font grossir ou font maigrir.

MODÈLE: manger beaucoup
Manger beaucoup, ça fait grossir.

1. manger de la glace
2. manger des fruits
3. manger des choses salées [*salty*]
4. manger des choses sucrées [*sweet*]
5. boire
6. boire de l'eau
7. boire du thé
8. fumer
9. faire du sport
10. utiliser ses jambes
11. faire du judo
12. danser le rock
13. rester continuellement devant la télé
14. rester inactif (inactive)
15. se lever tard
16. prendre le petit déjeuner au lit
17. suivre un régime
18. aller dans un sauna

 Maintenant demandez à un(e) camarade s'il (si elle) fait les choses ci-dessus. Demandez-lui pourquoi (ou pourquoi pas).

MODÈLE: manger beaucoup
Vous: Est-ce que tu manges beaucoup?
Votre camarade: Non, je ne mange pas beaucoup.
Vous: Pourquoi pas?
Votre camarade: Parce que je ne veux pas grossir.
       ou: *Parce que je n'aime pas manger.*
       ou: *Parce que je suis au régime.*

 Le travail, c'est la santé. Travailler, c'est la santé. Ne rien faire, c'est la conserver.

L'ABC de la santé

Être en forme, c'est être en bonne condition—physiquement et moralement. Comment rester en forme? Voilà quelques conseils.

FAITES

Mangez modérément.
Buvez des jus de fruits.
Levez-vous tôt.
Couchez-vous tôt.
Faites quelques exercices avant de vous coucher.
Utilisez votre bicyclette.
Utilisez vos jambes.
Faites une promenade après chaque repas.
Choisissez un sport et pratiquez ce sport deux ou trois fois par semaine.
Le week-end, allez au stade ou au gymnase.
Restez calme en toute circonstance.
Faites aujourd'hui le travail que vous avez à faire aujourd'hui.
Choisissez un passe-temps qui correspond à vos goûts (la photo, la musique, le théâtre...) et consacrez plusieurs heures par semaine à ce passe-temps.
Chaque soir, organisez vos activités du lendemain.

NE FAITES PAS

Ne fumez pas.
Ne mangez pas entre les repas.
Ne buvez jamais d'alcool.
Ne restez jamais longtemps inactif (inactive).
Ne dormez pas trop! Huit heures par jour au maximum!
Ne restez pas constamment planté(e) devant la télé... même si c'est pour regarder une émission de sport.
N'abusez pas de votre voiture ou de la voiture de vos amis.
Ne vous tourmentez pas inutilement.
Ne vous énervez pas.
Ne vous impatientez pas.

ACTIVITÉ: À votre tour

Dites si vous suivez chacun des conseils ci-dessus. Puis posez cette
question à un(e) camarade.

 MODÈLE 1: Mangez modérément.
> *Vous: Personnellement, je mange modérément. Et toi?*
> *Votre camarade: Moi aussi.*
> **ou:** *Moi, je mange trop.*

 MODÈLE 2: Ne fumez pas.
> *Vous: Personnellement, je ne fume pas. Et toi?*
> *Votre camarade: Moi non plus.*
> **ou:** *Moi, je fume.*

ACTIVITÉ: Malaises

Complétez les phrases suivantes:

1. Quand j'ai mal à la tête, c'est parce que...
2. Quand j'ai mal au ventre, c'est parce que...
3. Quand je me sens fatigué(e), c'est parce que...
4. Je ne me sens pas en forme quand...
5. J'ai tendance à grossir quand...
6. J'ai tendance à maigrir quand...

isola 2000
Ski au soleil.

Neige assurée au soleil du Midi.
Venez bronzer en avril
à 2000 m d'altitude.
3 hôtels ★ ★ ★ NN : 7 demi-pensions
plus remontées illimitées,depuis 550 F
Location à la semaine :
studio (4 personnes) à partir de 360 F
Réservations :
votre agent de voyage ou Isola 2000
21, rue de la Paix, 75002 Paris - Tél.
073.60.20 ou Maison d'Isola 06420
Isola 2000, Tél. (93) 02.70.50.

VOCABULAIRE: Le sport

Les exercices
Faites-vous **des exercices?** **de la culture physique?** **du footing** [*jogging*]?

Le sport individuel
Pratiquez-vous un sport?
Aimez-vous **nager?**
Faites-vous **du judo?** **du karaté?** **de la boxe?** **du ski?** **du ski nautique?** **de la danse?** **du ballet?** **de la gymnastique?** **du tennis?** **du badminton?** **du squash?** **du patinage artistique** [*figure skating*]?

Le sport d'équipe
Faites-vous **du volley(ball)?** **du basket(ball)?** **du foot(ball)** [*soccer*]?
Jouez-vous **au baseball?** **au hockey?** **au rugby?** **au football américain?**
Faites-vous partie d'une équipe?
Combien de **joueurs (joueuses)** êtes-vous?
Est-ce que **vous vous entraînez** tous les jours?
Faites-vous souvent **des matchs?**
Êtes-vous **victorieux (victorieuses)?**

ACTIVITÉ: Questions personnelles

Répondez aux questions du vocabulaire ci-dessus. Posez ces questions à un(e) camarade.

 MODÈLE: *Vous: Fais-tu des exercices?*
Votre camarade: Non, je ne fais pas d'exercices.

ACTIVITÉ: Préférences

1. Quel est votre sport préféré?
2. À votre avis, quel est le sport le plus violent? le plus spectaculaire? le plus gracieux?
3. Qui est votre athlète préféré(e)?
4. À votre avis, qui est le meilleur joueur de basket? de football? de baseball?

5. À votre avis, qui est la plus grande championne de tennis? de golf?
6. Qui est le plus grand (la plus grande) athlète de tous les temps?

Maintenant faites un sondage parmi les étudiants de la classe. Posez les mêmes questions et présentez les résultats sous forme de tableau.

UN PEU D'HISTOIRE

Les Jeux Olympiques

Les Jeux Olympiques dans l'antiquité

L'histoire des Jeux Olympiques est très ancienne. La légende affirme que Hercule, fils de Zeus, est à l'origine des Jeux Olympiques. En réalité, les premiers jeux ont eu lieu à Olympia, en Grèce, probablement en 776 avant Jésus-Christ. À cette époque-là, la Grèce était divisée en un grand nombre de cités rivales. Ces cités étaient souvent en guerre. Pourtant, *une trève* absolue était déclarée tous les quatre ans justement à l'occasion des Jeux Olympiques. Après les Jeux Olympiques, la guerre entre les cités rivales, hélas, recommençait souvent.

suspension d'hostilités

Les Jeux Olympiques étaient précédés par de grandioses cérémonies religieuses en l'honneur de Zeus. Puis les épreuves sportives commençaient. D'abord les courses, puis le pentathlon, le décathlon, la course de chariots et finalement la boxe. Les athlètes victorieux recevaient une couronne et étaient honorés comme des héros.

Les Jeux Olympiques avaient une très grande importance dans la Grèce Antique. C'est ainsi qu'on mesurait le temps par olympiades, une olympiade étant l'intervalle de quatre ans qui séparait deux Jeux consécutifs.

Les Jeux Olympiques modernes

C'est un Français, Pierre de Coubertin (1863–1937) qui *eut* le premier
l'idée de faire revivre les Jeux Olympiques. Coubertin était un idéaliste qui pensait que le sport était la meilleure façon de former la jeunesse et de créer *des liens* d'amitié entre les nations. C'est avec ces
idées qu'il présenta son projet de Jeux Olympiques à des sportifs
français. Ceux-ci trouvèrent le projet ridicule et refusèrent leur aide.

    Coubertin s'adressa alors à des sportifs étrangers et, avec leur *sou-
tien,* il organisa les premiers Jeux Olympiques à Athènes en 1896.
Ces Jeux *furent* modestes. Huit nations seulement—l'Angleterre, la
France, le Danemark, l'Allemagne, la Suisse, la Hongrie, les États-
Unis et, bien sûr, la Grèce—étaient representées officiellement ou
officieusement.

    Une idée était née. Elle allait prospérer rapidement. Aujourd'hui
une centaine de nations participent tous les quatre ans aux Jeux
Olympiques et le succès de ces Jeux est immense.

passé simple : avoir

relations

support
passé simple : être

non officiellement

L'emblème olympique

L'emblème olympique est composé de cinq anneaux. Chaque anneau
représente un continent. L'anneau bleu représente l'Europe. Le jaune
représente l'Asie. Le noir représente l'Afrique. Le vert représente
l'Océanie. Le rouge représente l'Amérique. Les cinq anneaux entre-
lacés symbolisent l'union des races.

Le credo et le serment olympiques

Le credo et *le serment,* prononcés à la cérémonie d'ouverture, reflètent
l'esprit des Jeux. Ils ont été composés par Pierre de Coubertin. Les
voici:

    Le credo: «La chose la plus importante des Jeux Olympiques n'est
pas de gagner mais de participer, comme la chose la plus importante de
la vie n'est pas le triomphe mais *la lutte.*»

    Le serment: «Nous jurons que nous nous présentons aux Jeux
Olympiques en *concurrents* loyaux, respectueux des règlements et
désireux d'y participer dans un esprit chevaleresque pour l'honneur de
nos pays et la gloire du sport.»

oath

combat

compétiteurs

La «*petite histoire*» des Jeux Olympiques

- Les Jeux Olympiques d'été ont eu lieu quatre fois sur le continent
  américain: à Saint Louis en 1904, à Los Angeles en 1932, à Mexico
  en 1968 et à Montréal en 1976.

- Les Jeux Olympiques ont eu lieu deux fois à Paris: en 1900 et en 1924.

- Athènes, 1896: Aux premiers Jeux Olympiques, les États-Unis n'ont pas de délégation officielle. Les Américains *remportent* cependant toutes les victoires en athlétisme, sauf deux. James B. Connolly, étudiant à Harvard, est le premier champion olympique. (Il avait demandé la permission à l'administration de Harvard de participer aux Jeux Olympiques, mais cette permission lui avait été refusée.) *Un berger* grec, Spiridon Louys, remporte le marathon. Cette année-là, les épreuves de natation sont réservées aux marins des bateaux de guerre ancrés dans le port d'Athènes.

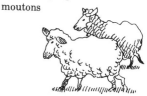

- Londres, 1908: Le marathon est l'événement le plus mémorable et le plus dramatique de ces Olympiades. Après 42 kilomètres de course, un Italien, Dorando Pietri, arrive le premier dans le stade olympique. Il est si fatigué qu'il tombe. Des spectateurs l'aident à se relever. Il *franchit* en vainqueur la ligne d'arrivée. Il tombe à nouveau. On le transporte à l'hôpital. Là, il apprend qu'il vient d'être disqualifié pour avoir été aidé.

- Stockholm, 1912: Jim Thorpe, le célèbre athlète et joueur de football américain, gagne le pentathlon et le décathlon. Il sera disqualifié pour avoir participé professionnellement à un match de baseball.

- Paris, 1924: Quarante-cinq nations sont maintenant représentées. Pour la première fois, les femmes participent aux Jeux. Autre innovation: *des épreuves* artistiques—poterie, architecture, sculpture— sont ajoutées aux programmes des Jeux. En natation, Johnny Weissmuller, qui va devenir le Tarzan le plus célèbre du cinéma, remporte deux médailles d'or.

- Berlin, 1936: La propagande nazie domine et corrompt l'atmosphère des Jeux. En fait, le grand vainqueur est un Noir américain, Jesse Owens, qui remporte quatre médailles d'or. Hitler refuse de participer aux cérémonies *de clôture*.

- Londres, 1948: Une Hollandaise, mère de deux enfants, Fanny Blankers-Koen, remporte quatre médailles d'or (100 mètres, 200 mètres, 80 mètres haies, relais 4 × 100 mètres).

- Helsinki, 1952: Pour la première fois, des athlètes soviétiques participent aux Jeux Olympiques. Le Tchèque, Emile Zatopek, surnommé «la locomotive humaine», remporte le 5.000 mètres, le 10.000 mètres et le marathon. Sa femme remporte le javelot.

- Melbourne, 1956: Symbole de l'entente entre les nations, le champion américain Harold Connolly, médaille d'or du *marteau,* épouse une athlète tchèque, championne du disque.

obtiennent

personne qui garde les moutons

traverse

compétitions

du dernier jour

- Tokyo, 1964: Le marathon est *remporté* par un soldat éthiopien, Abebe Bikila, qui court *pieds nus*. Quinze jours avant sa victoire, il avait été opéré de l'appendicite.

  gagné

  sans chaussures

- Munich, 1972: Le nageur américain, Mark Spitz, remporte sept médailles d'or.

- Montréal, 1976: Une écolière roumaine de 14 ans, Nadia Comaneci, remporte trois médailles d'or et une médaille d'argent en gymnastique.

ACTIVITÉ: Débats

Prenez une position pour ou contre.

1. Le sport, c'est la liberté.
2. Les Jeux Olympiques, c'est de l'exhibitionnisme nationaliste.
3. On doit interdire les sports violents, comme la boxe.
4. Les athlètes professionnels sont trop payés.

Quelques mauvaises habitudes à éviter

DOCUMENT

Flint: la première cigarette blonde qui n'est pas faite pour les beaux cowboys.

Flint: 3F c'est bon, c'est tout.

Pour ou contre le tabac

Pour le tabac

Le tabac a une odeur agréable.
Le tabac calme l'anxiété.
Fumer la pipe fait distingué.
Un bon cigare est le complément naturel d'un bon repas.
Offrir une cigarette à quelqu'un, c'est lui manifester un signe d'amitié.

Contre le tabac

Le tabac sent mauvais.
Le tabac est une habitude dégoûtante.
   (Qui est-ce qui ramasse les cendres [ashes]?)
Le tabac est un excitant.
Le tabac irrite la gorge.
La fumée irrite les yeux.
Le tabac pollue.
Le tabac favorise [contributes to] l'hypertension.
Le tabac provoque le cancer.
Le tabac est une drogue.
Le tabac crée un état de dépendance.

ACTIVITÉ: **D'accord?**

Relisez chacune de ces affirmations. Dites si vous êtes complètement d'accord, partiellement d'accord ou pas du tout d'accord.

VOCABULAIRE: Habitudes et excès

Les habitudes

Une envie est un simple désir.

> **avoir envie de:** Tout le monde a envie d'être heureux.

Une accoutumance est une habitude (surtout physique).

> **s'accoutumer à:** On s'accoutume facilement au luxe et au confort.

Une habitude est difficile à changer.

> **s'habituer à:** Il est difficile de s'habituer à l'idée de la mort.

> **prendre des habitudes:** Il est très facile de prendre de mauvaises habitudes.

> **être habitué à:** On n'est jamais complètement habitué à la misère ou à l'injustice.

Un besoin est une nécessité physique, intellectuelle ou psychologique.

> **avoir besoin de:** On a souvent besoin de conseils, de sympathie et de réconfort.

> **se passer de** [*to do without*]: On peut se passer d'argent.

> **ne pas pouvoir se passer de:** On ne peut pas se passer d'amitié ou d'amour.

Un abus est un excès.

> **abuser de:** Il ne faut pas abuser de ses privilèges.

Les excès

> **l'alcool:** Si vous **buvez** trop d'alcool vous devenez **ivre.**

> **le tabac:** Défense de **fumer!** Beaucoup de gens sont allergiques à la **fumée.**

> **un stimulant:** Le **café** est un stimulant.

> **un médicament:** Pour dormir, on prend des **somnifères.**

> **un poison:** Les enfants peuvent **s'intoxiquer** avec des médicaments.

> **une drogue:** Le trafic de l'**héroïne** et de la **marijuana** est illégal.

ACTIVITÉ: Questions personnelles

1. Avez-vous besoin d'argent? de confort? d'amitié? de loisirs? de stimulants? de compliments? de réconfort?
2. Pouvez-vous vous passer d'affection? de vos amis? de votre famille? de conseils? d'encouragements? de vacances? d'exercices?
3. Êtes-vous accoutumé(e) à travailler? à étudier? à obéir?
4. Abusez-vous de votre santé? de vos forces? de la patience de vos amis? de leur amitié? de leur confiance?

ACTIVITÉ: Accoutumances

Il y a des accoutumances morales aussi bien que physiques. Dites si on s'habitue facilement aux choses suivantes.

1. l'argent
2. le succès
3. le confort
4. le progrès
5. la misère
6. l'égoïsme
7. le travail
8. le bonheur
9. l'injustice
10. l'inaction
11. l'oppression
12. l'insécurité

Maintenant dites si les catégories de gens suivantes sont accoutumées aux éléments ci-dessus.

les jeunes
les étudiants
la société en général
les minorités

ACTIVITÉ: Nécessités?

Pour certaines personnes, le tabac peut être une «nécessité». Il y a d'autres nécessités dans l'existence: physiques, intellectuelles, morales... Pour chacune des choses suivantes, dites si c'est

quelque chose d'inutile   un besoin
quelque chose d'agréable   une nécessité absolue

1. le tabac
2. le café
3. l'aspirine
4. les médicaments
5. le chewing-gum
6. les somnifères
7. le sommeil
8. les sorties
9. le sport
10. la musique
11. les loisirs
12. les vacances
13. le repos
14. l'amitié
15. la religion
16. l'indépendance
17. la liberté
18. le travail

Maintenant demandez à un(e) camarade si les choses ci-dessus lui sont nécessaires.

 MODÈLE: le tabac
Vous: Est-ce que le tabac est quelque chose de nécessaire?
Votre camarade: Oui, c'est un nécessité absolue pour moi.
ou: *Non, mais c'est quelque chose d'agréable.*
Non, pour moi c'est quelque chose d'inutile.

FLASH /VVVVVVVVVVVVVVVVVVVVVVV
Petite histoire d'une mauvaise habitude

Les premiers fumeurs étaient des Indiens. En signe d'amitié, ces Indiens offrirent leur tabac aux Espagnols, qui l'introduisirent en
Europe vers 1500. En 1560, l'ambassadeur de France au Portugal,
Jean Nicot, expédia de la poudre de tabac à sa reine... comme remède
contre la migraine! Jean Nicot laissa à la postérité son nom (conservé
dans le terme «nicotine») et *lança* une nouvelle mode qui devint une   commença
mauvaise habitude. Pour goûter à la drogue-miracle, tout le monde
prétendait avoir la migraine.

    Cette mode excessive provoqua des réactions. En France, le roi
Louis XIII *interdit la vente* du tabac. En Angleterre, le roi Jacques I   *forbade* / le commerce
écrivit un pamphlet contre les fumeurs. À Rome, le pape Urbain VIII
excommunia *ceux-ci*. En vain! Maintenant toute l'Europe était ha-   les fumeurs
bituée au tabac.

    Il y avait différentes façons de consommer ce produit. On pouvait
le fumer dans une pipe (on disait «pétuner» alors). On pouvait l'ab-
sorber par le nez, ce qui provoquait de délicieux *éternuements*. Ou   *sneezes*
bien on pouvait le *mâcher*, ce qui était une habitude absolument   *to chew*
dégoûtante.

    Le cigare et la cigarette apparurent beaucoup plus tard, vers 1830.
Ces nouveaux produits *anoblirent* l'usage du tabac et le généralisèrent.   *gave status to*
Comme il était impossible d'empêcher les gens de fumer, le gouverne-
ment français décida de profiter de leur mauvaise habitude: il monopo-
lisa la manufacture et le commerce du tabac.

ACTIVITÉ: À votre tour

    Dites ce que vous faites dans les circonstances suivantes.

1. Quand j'ai besoin d'un stimulant...
2. Quand je suis énervé(e)...
3. Quand j'ai un travail important à terminer...
4. Quand je suis seul(e)...
5. Quand je n'ai rien à faire...
6. Avant d'aller voir une personne que je ne connais pas...
7. Quand je veux travailler tard le soir...
8. Quand je veux oublier mes problèmes...

Pourquoi fumez-vous ? Comment vous arrêter

Les médecins sont formels: le tabac est un poison. Peut-être
connaissez-vous une personne qui fume beaucoup. Demandez-
lui de remplir le tableau suivant. Vous l'aiderez à faire son
diagnostic et peut-être à la guérir.

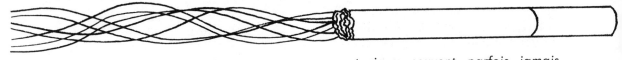

Je fume...	toujours	souvent	parfois	jamais
a. quand j'ai besoin d'un stimulant.	4	3	2	1
b. parce que c'est agréable.	4	3	2	1
c. une cigarette après l'autre.	4	3	2	1
d. quand je suis énervé(e) [up-tight, on edge].	4	3	2	1
e. quand j'ai un travail important à terminer.	4	3	2	1
f. parce que mes amis fument.	4	3	2	1
g. parce que j'aime regarder la fumée.	4	3	2	1
h. quand je suis seul(e).	4	3	2	1
i. sans que je m'en aperçoive.	4	3	2	1
j. parce que c'est chic.	4	3	2	1
k. quand je n'ai rien à faire.	4	3	2	1
l. quand je suis en compagnie de mes amis.	4	3	2	1
m. avant d'aller voir une personne que je ne connais pas.	4	3	2	1
n. quand je veux rester éveillé(e) [awake].	4	3	2	1
o. plus de 30 cigarettes par jour.	4	3	2	1
p. parce que j'aime l'odeur du tabac.	4	3	2	1
q. quand je veux oublier un ennui.	4	3	2	1
r. pour calmer mon anxiété ou mon irritabilité.	4	3	2	1

Interprétation

Automatisme

Faites le total de vos points aux questions (c), (i) et (o). Avez-vous plus de six points?

Pour vous, le tabac est une drogue. Vous fumez par habitude, comme un automate. Votre vie est en danger. Vous devez réduire votre consommation de tabac. Immédiatement! Vous pouvez le faire progressivement: chaque semaine, une cigarette de moins par jour. Dans six mois, vous aurez gagné... si vous en avez la *volonté!* détermination

Habitude sociale

Faites le total de vos points aux questions (f), (j) et (l). Avez-vous plus de six points?

Vous fumez par conformisme et pour vous donner *une contenance.* certaine attitude
Pour le moment, votre cas n'est pas très grave. Mais attention! Votre habitude sociale peut se transformer en intoxication permanente. Quand vous êtes avec vos amis, remplacez la mauvaise habitude du tabac par la bonne habitude de la conversation.

Plaisir

Faites le total de vos points aux questions (b), (g) et (p). Avez-vous plus de six points?

Vous fumez parce que c'est agréable! Réfléchissez un peu! Quel plaisir y a-t-il à vous intoxiquer et à asphyxier les autres? Il y a d'autres plaisirs plus agréables dans la vie... et surtout moins *nocifs.* dangereux
Et, si vous avez absolument besoin d'avoir quelque chose dans la bouche, mâchez du chewing-gum ou *sucez* des bonbons! manger

Nervosité

Faites le total de vos points aux questions (d), (m) et (r). Avez-vous plus de six points?

Vous pensez que le tabac est un remède contre votre anxiété. Vous avez tort! Le tabac ne calme pas la nervosité: il *l'aggrave!* augmente
Adoptez les vrais remèdes contre la tension nerveuse. Évitez les conflits et la fatigue. Apprenez à bien respirer.

Ennui

Faites le total de vos points aux questions (h), (k) et (q). Avez-vous plus de six points?

On ne se suicide pas par ennui. Or, c'est ce que vous faites en fumant. Soyez un peu plus dynamique et moins introverti. Recherchez la compagnie de vos amis. Elle est bien supérieure à la compagnie de la cigarette.

Stimulation

Faites le total de vos points aux questions (a), (e) et (n). Avez-vous plus de six points?

Vous fumez pour vous stimuler. Vous vous sentez en forme en fumant. Pour arrêter, trouvez un stimulant moins dangereux: une activité physique, un sport ou un passe-temps qui vous captive.

ACTIVITÉ: Discussion

Le tabac est un danger public. Selon vous, quel est le meilleur moyen d'arrêter sa consommation? Expliquez votre position.

1. interdire la vente des cigarettes
2. multiplier le prix des cigarettes par dix
3. rationner le tabac
4. mettre les fumeurs en prison

Tabac. On s'arrête comme on a commencé: progressivement.

Filtre n° 1
réduction d'au moins 30%
de la nicotine et des goudrons.

Filtre n° 2
réduction d'au moins 60%
de la nicotine et des goudrons.

Filtre n° 3
réduction d'au moins 70%
de la nicotine et des goudrons.

Filtre n° 4
réduction d'au moins 80%
de la nicotine et des goudrons.

Souvenez-vous. Dès votre première cigarette, votre organisme essayait de vous dire quelque chose.

Mais cigarette après cigarette, vous avez mis fin à sa résistance.

90% des fumeurs ont essayé d'arrêter de fumer. 75% n'ont pas réussi.

Le jour où vous décidez d'arrêter de fumer, vous avez à lutter contre l'habitude. Et vous risquez d'éprouver les phénomènes désagréables du sevrage nicotinique si vous êtes un grand fumeur.

En effet, votre organisme refuse de se passer de nicotine du jour au lendemain. Seul le traitement MD4 tient compte de ce fait.

Continuez à fumer sans vous apercevoir que vous arrêtez.

Les filtres MD4 ne vous empêchent pas de fumer vos cigarettes habituelles, mais ils jouent un double rôle.

En retenant une part de plus en plus importante de la nicotine, des goudrons et de l'oxyde de carbone, ils diminuent la nocivité de vos cigarettes.

En réduisant peu à peu la dose de nicotine absorbée par vos poumons, ils éliminent progressivement le besoin de fumer.

Quand votre organisme pourra se passer de nicotine, vous pourrez vous passer de cigarettes.

Grâce aux filtres MD4, vous ne subissez donc ni les privations, ni les troubles qui compromettent souvent les meilleures intentions.

Le traitement complet dure 8 semaines. A la fin de cette période, votre organisme a réduit le stock de nicotine qu'il contenait. Il est prêt à arrêter de fumer.

Comme le besoin a disparu, la décision finale est facilitée.

Juste retour des choses, votre organisme a appris à se passer de nicotine et n'a plus besoin de cigarettes.

Aucune accoutumance physiologique ne peut plus entraver votre décision finale d'arrêter de fumer.

MD4®
Traitement progressif anti-tabac.

Laboratoires MILES
Dépt. PHARMACIE
75755 Paris Cedex 15
Tél. 538.52.43
Traitement complet
Prix maximum 48 F

VOCABULAIRE: Quelques boissons

Au petit déjeuner: le lait, le café, le café au lait

Au café

boissons gazeuses: le coca-cola, la limonade

eaux minérales: l'eau de Vichy

jus de fruits: le jus d'orange, le jus de tomate

boissons non-alcoolisées: le thé, le café, le chocolat

boissons alcoolisées: la bière, l'apéritif, le whisky, la vodka, le gin

À table

avant le repas: **l'apéritif**

pendant le repas: **le vin**

après le repas: **le café**

les liqueurs: la bénédictine, la crème de cacao, la crème de menthe

les alcools forts: le cognac, l'armagnac

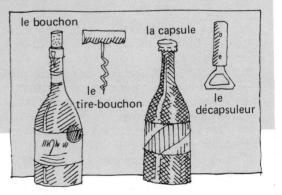

Un vin peut être **sec** [*dry*], **doux** [*sweet*], **pétillant** [*sparkling*].

On **débouche** une bouteille de vin avec **un tire-bouchon**.

On **décapsule** une bouteille de bière avec **un décapsuleur**.

le bouchon

le tire-bouchon

la capsule

le décapsuleur

Le vin : un poison?

«Un repas sans vin est une journée sans soleil.»
Avec cette maxime, le vin est devenu la boisson nationale de la France. Il en est aussi devenu l'un des plus graves problèmes. En fait, les statistiques sont plutôt effrayantes:

- La population française (1,7% de la population mondiale) consomme 30% de la production mondiale d'alcool.

- Un Français sur cinq peut être considéré comme un «buveur excessif». Un Français sur dix est alcoolique.

- L'alcoolisme est la troisième cause de mortalité (après les maladies cardio-vasculaires et le cancer).

- Dans la région parisienne, 40% du budget des hôpitaux est dépensé pour le traitement de l'alcoolisme.

- Les contrôles de police révèlent que 12% des automobilistes conduisent sous l'effet de l'alcool.

Pour lutter contre les dangers de l'alcool, le gouvernement français mène une campagne permanente contre l'alcoolisme. Voici certains slogans utilisés dans cette campagne:

Santé—Sobriété—Sécurité

Quand les parents boivent, les enfants trinquent.[1]

Plus votre dose d'alcool augmente, plus elle vous diminue.

---

[1] **Trinquer** c'est choquer son verre contre celui d'une autre personne en signe d'amitié. Mais dans la langue populaire, *trinquer* veut dire *être la victime*.

ACTIVITÉ: **Questions personnelles**

1. Que buvez-vous au petit déjeuner? au déjeuner? au dîner?
2. Quelles boissons gazeuses buvez-vous? Laquelle préférez-vous?
3. Buvez-vous des jus de fruits? Lesquels?
4. Quels vins français connaissez-vous?
5. Connaissez-vous des vins de Californie? Lesquels?

ACTIVITÉ: **Boissons nationales**

Dites quelles boissons on boit dans les pays suivants.

 MODÈLE: en Italie
En Italie, on boit du vin.

1. en France
2. en Angleterre
3. en Chine
4. en Allemagne
5. aux États-Unis
6. au Mexique
7. en Russie
8. en Pologne

FLASH 〜〜〜〜〜〜〜〜〜〜〜〜〜〜〜〜〜〜〜〜〜〜
Le vin : un remède?

Pour beaucoup de Français (et de Françaises!) un bon vin est le complément naturel et indispensable d'un bon repas. Selon un médecin français, le docteur Maury, le vin serait aussi un remède. Les propriétés thérapeutiques d'un vin varieraient avec l'origine de celui-ci. Voici certaines des recommandations du docteur Maury.

contre	vin recommandé
les allergies	le Médoc
l'artério-sclérose	le Muscadet
la bronchite	le Bordeaux
la constipation	le Vouvray
la dépression nerveuse	le Médoc
l'hypertension artérielle	l'Alsace
les maladies cardiaques	le Champagne
l'obésité	le rosé de Provence et le Bourgogne
les rhumatismes	le Champagne
la tuberculose	le Champagne

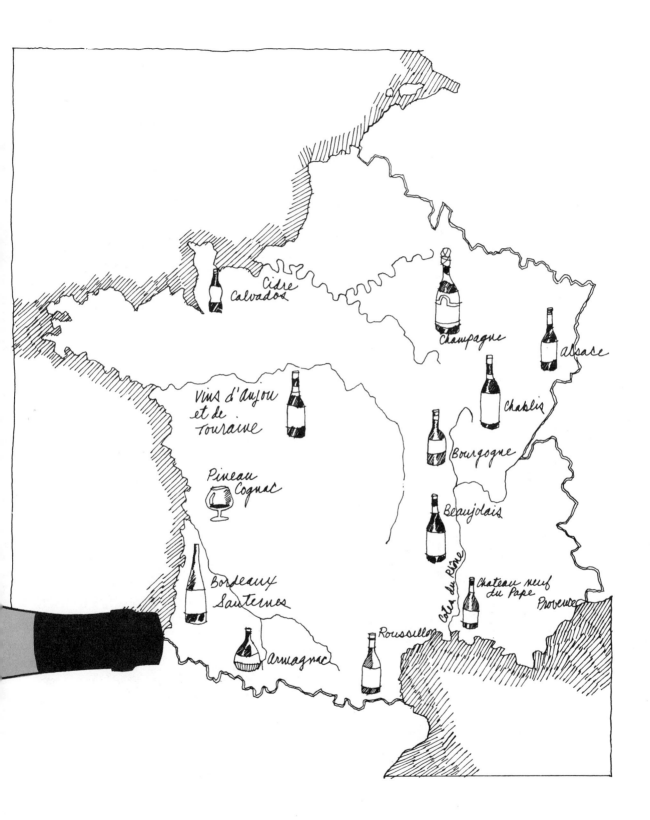

ACTIVITÉ: **Débats**

Prenez une position pour ou contre.

1. L'alcool est une drogue.
2. La prohibition est la meilleure solution au problème d'alcoolisme.
3. Les États-Unis doivent initier une campagne nationale contre l'alcoolisme.
4. La police doit toujours administrer un alcootest aux personnes qui ont un accident de voiture.
5. On doit mettre en prison les gens qui conduisent en état d'ivresse [*drunkenness*].

TROISIÈME PARTIE

Une société en mouvement

La vie à deux

DOCUMENTS

Le mariage

FLORENCE et VINCENT uniront leurs vies au cours de l'Eucharistie célébrée le Samedi 20 Février à 15 heures 30 en l'Eglise St-Germain de Châtenay. Avec leurs Parents, ils vous invitent à partager leur joie et leur prière.

Madame S. CODET
135 bis bd du Montparnasse
Paris 6e

Mr & Mme J. LACOUR
84 rue Anatole-France
92 - Châtenay-Malabry

Louis Jeanson,
Ordre du Saint Sépulcre

Louis Jeanson,

Madame Edouard Leroy,

Madame Claude Jeanson,

us faire part du mariage de leur petite

avec Monsieur Bernard de Maglaive.

Madame Pierre de Maglaive,

Le Commandant (ER) Roland de Maglaive,
Chevalier de la Légion d'Honneur

et Madame Roland de Maglaive,

ont l'honneur de vous faire part du mariage de leur petit

fils et fils Bernard, avec Mademoiselle Chantal Jeanson.

et vous demandent de partager leur joie, en participant ou en vous unissant
d'intention à la célébration du mariage, qui aura lieu le samedi 4 juillet 1970
à 16 h. 30 en l'Eglise de Gerde.
L'échange des consentements sera reçu par le Révérent Père Point
supérieur général de la Congrégation des Pères de Garaison.

:9

lle · 59

gnère-de-Bigorre · 65

18. Nightrees House · Nightingale Lane London · SW 12
Le Bas-Château · Cheurésis-Monceau · 02 Crecy/Serre.

VOCABULAIRE: L'amitié et l'amour

L'amitié: c'est quand...
> vous **trouvez** une personne **sympathique**
> vous **tenez à** cette personne
> vous **aimez bien** cette personne

Le flirt: c'est quand...
> vous **avez rendez-vous avec** une personne
> vous **sortez avec** cette personne
> vous **flirtez avec** cette personne

L'amour: c'est quand...
> vous **tombez amoureux (amoureuse)** d'une personne
> vous **êtes amoureux (amoureuse) de** cette personne
> vous **aimez** cette personne **passionnément, à la folie**
> vous **connaissez le grand amour**
> vous **vivez une grande passion**
> Mais l'amour n'est pas toujours **éternel:** l'amour peut être **passager.**

La mésentente: c'est quand...
> vous **êtes fâché(e) contre** une personne
> vous **êtes brouillé(e)** [*on bad terms*] **avec** cette personne
> vous **laissez tomber** cette personne
> vous **ne pouvez plus sentir** [*can't stand*] cette personne

ACTIVITÉ: Opinions

Voici certaines opinions. Pour chacune de ces opinions, dites si vous êtes absolument d'accord, généralement d'accord ou pas du tout d'accord.

1. Quand on aime quelqu'un, on ne doit pas flirter avec d'autres personnes.
2. On peut être amoureux de plusieurs personnes à la fois.
3. On ne connaît le grand amour qu'une seule fois dans la vie.
4. On peut être amoureux à tout âge.
5. Seuls les jeunes peuvent connaître un grand amour.
6. L'amour éternel est impossible.
7. Quand on est amoureux, on est toujours heureux.
8. L'amour est passager, l'amitié est éternelle.
9. Le mariage est la forme la plus normale de la vie à deux.
10. La jalousie est incompatible avec un véritable amour.

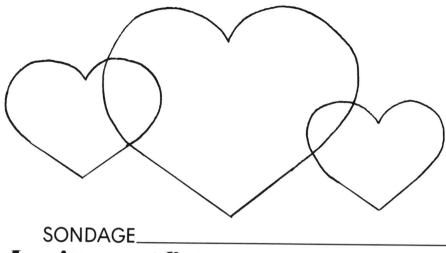

SONDAGE
Les jeunes et l'amour

Il m'aime un peu? beaucoup? passionnément? à la folie? pas du tout? Les secrets de la *marguerite* n'intéressent pas tellement les jeunes Français d'aujourd'hui. Ou du moins s'ils les intéressent encore, l'amour n'est pas leur préoccupation la plus importante. Pour la majorité, le travail compte plus que l'amour. Un sondage d'opinion organisé par le magazine l'*Express* parmi les jeunes âgés de 15 à 20 ans, a révélé ce résultat assez *surprenant!*

qui cause de la surprise

À la question, «Parmi les quatre choses suivantes—profession, amour, argent, action politique—quelle est celle que vous *souhaiteriez* en priorité?» 61% ont choisi la profession. Une petite minorité ont choisi l'amour. Bien sûr, cela ne signifie pas que l'amour n'existe pas. Pourtant, lorsqu'on a posé la question, «Êtes-vous actuellement amoureux?» 57% des jeunes gens et des jeunes filles interviewés ont répondu que non. Autre *constatation:* la majorité des Français croient au mariage et au bonheur. Où est donc le stéréotype du Français grand séducteur, allant de conquête en conquête?

voudriez

conclusion

Voici les questions du sondage:

---

1. Actuellement, êtes-vous amoureux (amoureuse)?

oui	38%
non	57%
ne veut pas répondre	5%

2. Si vous êtes amoureux (amoureuse), est-ce que c'est la première fois?

oui	36%
non	63%
ne veut pas répondre	1%

3. Est-ce que la personne que vous aimez vous aime aussi?

oui	75%
non	3%
ne sait pas	22%

4. Vos parents connaissent-ils votre vie sentimentale?

oui	67%
non	28%
ne sait pas	5%

5. Si un garçon et une fille entre 15 et 20 ans s'aiment profondément, que faut-il qu'ils fassent s'ils ne sont pas indépendants financièrement?

rester chez leurs parents et se voir régulièrement	75%
quitter leur famille pour vivre ensemble sans se marier	11%
quitter leur famille pour se marier	11%
sans opinion	3%

6. Et s'ils sont indépendants, que faut-il qu'ils fassent?

rester chez leurs parents et se voir régulièrement	14%
quitter leur famille pour vivre ensemble sans se marier	25%
quitter leur famille pour se marier	59%
sans opinion	4%

7. Avez-vous peur du mariage?

	garçons	filles
oui, très peur	1%	2%
oui, un peu	23%	36%
non, pas du tout	76%	62%

8. Selon vous, qu'est-ce qui est le plus indispensable pour qu'un mariage soit heureux?

la bonne entente sexuelle	45%	43%
les enfants	24%	24%
l'égalité intellectuelle	14%	16%
l'argent	10%	9%
la même origine sociale	7%	8%

ACTIVITÉ: Études

1. Répondez au questionnaire de l'*Express*.
2. Choisissez 5 des questions de l'*Express*, puis faites un sondage parmi vos amis. Comparez les résultats de ce sondage avec le sondage de l'*Express*.

 On ne peut pas vivre d'amour et d'eau fraîche. Loin des yeux, loin du cœur.

VOCABULAIRE: La vie à deux

Les fiançailles
Les fiançailles précèdent le mariage.
Un jeune homme et une jeune fille qui s'aiment peuvent **se fiancer.**
Le jeune homme devient **le fiancé.**
La jeune fille devient **la fiancée.**

Le mariage
On **épouse** quelqu'un.
On **se marie avec** quelqu'un.
On se marie **religieusement,** c'est-à-dire à l'église.
On se marie civilement, c'est-à-dire à la mairie.
On fait **un mariage d'amour** ou **un mariage de raison.**
Les personnes qui ne sont pas mariées sont **célibataires.**

Le couple
Le mari et **la femme** sont **les époux.** Ils forment **un couple.**
Au début du mariage, ce couple est **un jeune ménage.**
Le jeune ménage **fonde un foyer.**
Le couple peut être **uni** ou **désuni.**
Si le couple est trop désuni, les époux **se séparent** et **divorcent.**

ACTIVITÉ: Au choix

Complétez les phrases en exprimant votre opinion personnelle.

Quand...	il vaut mieux...	
on s'aime	se marier	rester célibataire
on a une religion	se marier à l'église	se marier à la mairie
on est fiancé	sortir avec son (sa) fiancé(e)	sortir avec d'autres personnes
on est jeunes mariés	avoir des enfants	ne pas avoir d'enfants
on forme un couple désuni	divorcer	rester marié
on est divorcé	rester célibataire	se remarier

Comment se sont-ils rencontrés?

Les Français ne se marient pas par hasard. Le mariage unit généralement un garçon et une fille qui se connaissent depuis un certain temps (relations de famille, de travail, de voisinage, etc.). Voici comment les futurs couples se forment.

Sur 100 jeunes mariés...

17% se sont rencontrés par relations d'enfance ou de famille
17% se sont rencontrés au bal
13% se sont rencontrés au travail ou pendant les études
11% se sont rencontrés par présentations [*through mutual friends*]
11% se sont rencontrés par relations de voisinage
3% se sont rencontrés par annonces ou agences matrimoniales
28% se sont rencontrés *dans des circonstances fortuites* [*by chance*], dans les lieux de distraction ou réunions de société.

ACTIVITÉ: Questions personnelles

1. Êtes-vous célibataire? fiancé(e)? marié(e)?
2. Avez-vous l'intention de rester célibataire? de vous marier? de fonder un foyer?
3. Avez-vous des amis mariés? À quel âge se sont-ils mariés?
4. Avez-vous assisté à un mariage civil? où? quand?
5. Avez-vous assisté à un mariage religieux? à quelle église (synagogue)? Qui étaient les époux?
6. Est-ce que vous connaissez des jeunes ménages? Ont-ils des enfants?

ACTIVITÉ: Compatibilité

La compatibilité est-elle nécessaire au succès de couple? Exprimez votre opinion personnelle en commençant vos phrases par l'une des expressions suivantes.

Il faut absolument...
Il est préférable de...
Il n'est pas indispensable de...
Il est inutile de...
Il est dangereux de...

1. avoir la même religion
2. avoir la même origine sociale
3. avoir les mêmes idées politiques
4. avoir la même éducation
5. avoir la même nationalité
6. avoir les mêmes loisirs
7. avoir des personnalités très semblables [similar]
8. avoir les mêmes talents
9. avoir les mêmes amis
10. se connaître depuis longtemps
11. s'aimer passionnément
12. vouloir tous les deux des enfants
13. avoir tous les deux une profession
14. avoir les mêmes projets [plans]
15. avoir la même conception de l'existence
16. se respecter mutuellement
17. tolérer les défauts de son partenaire
18. obéir à son partenaire
19. être fidèle [faithful]

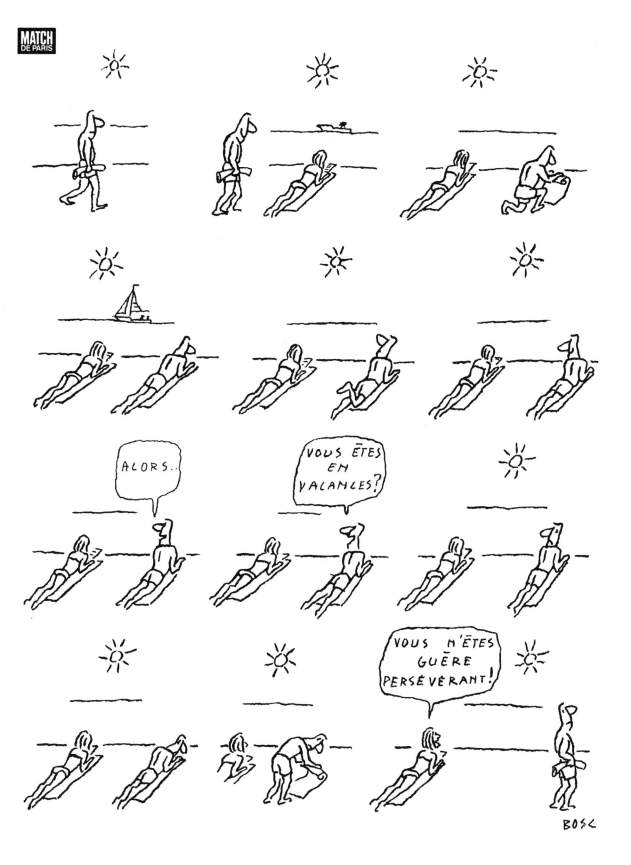

Pour ou contre le mariage

Voici huit opinions, quatre pour et quatre contre le mariage.

POUR

Marie-Claude (*20 ans*):

J'aimerais avoir des enfants. Je ne suis pas particulièrement conformiste, mais je ne vois pas comment je pourrais élever une famille si je n'étais pas mariée.

Pierre (*18 ans*):

Pour moi, le mariage, c'est la façon la plus normale de vivre à deux dans notre société.

Jacques (*19 ans*):

Je suis désorganisé et instable. Je crois que le mariage m'apportera l'équilibre mental et affectif que je recherche.

Marylène (*23 ans*):

Je crois au grand amour. Je crois aussi qu'on ne le rencontre qu'une fois dans la vie. Seriez-vous d'accord pour le laisser échapper, si vous le rencontriez?

CONTRE

Jacqueline (*21 ans*):

Je connais un jeune homme depuis un an. Nos parents voudraient que nous nous marions. Pourquoi le ferions-nous? Nous sommes heureux comme cela. Mariés, nous aurions le sentiment de ne plus avoir notre liberté et finalement nous serions malheureux. Pourquoi *gâcherions*-nous une belle chose? *ruinerions*

Jean-Marc (*19 ans*):

Quand on s'aime vraiment, le mariage est superflu.

Serge (*22 ans*):

J'ai été plusieurs fois amoureux. Chaque fois, c'était absolument sincère. On ne peut pas se marier avec toutes les filles qu'on trouve sympathiques. Si je m'étais marié avec la première fille que j'ai aimée, je serais aujourd'hui très malheureux.

Nicole (*20 ans*):

Le vie à deux, peut-être! Le mariage, non! Je suis trop indépendante. Je ne supporterais pas d'être éternellement l'*esclave* d'un homme ou *slave* d'une famille... même si je les aimais éperdument.

ACTIVITÉ: Discussion

Avec laquelle des positions précédentes vous identifiez-vous? Pourquoi?

ACTIVITÉ: Le couple idéal

Qu'est-ce qui compte le plus et qu'est-ce qui compte le moins pour un couple à divers moments de l'existence? Exprimez votre opinion personnelle en remplissant le tableau ci-dessous. Si vous voulez, vous pouvez utiliser les expressions de l'Activité, «Compatibilité», p. 98.

	Ce qui compte le plus, c'est...	Ce qui compte le moins, c'est...
Au moment du mariage	1. 2. 3.	1. 2. 3.
Après 5 ans de mariage	1. 2. 3.	1. 2. 3.
Après 20 ans de mariage	1. 2. 3.	1. 2. 3.
Après 50 ans de mariage	1. 2. 3.	1. 2. 3.

ACTIVITÉ: Débats

Choisissez une position pour ou contre.

1. La société doit protéger le mariage.
2. Le mariage est une institution archaïque.
3. La société contemporaine doit encourager le célibat.
4. Le divorce ne doit être permis que pour des raisons exceptionnelles.

DOSSIER 10

Oui
à la famille!

DOCUMENT_____
La naissance

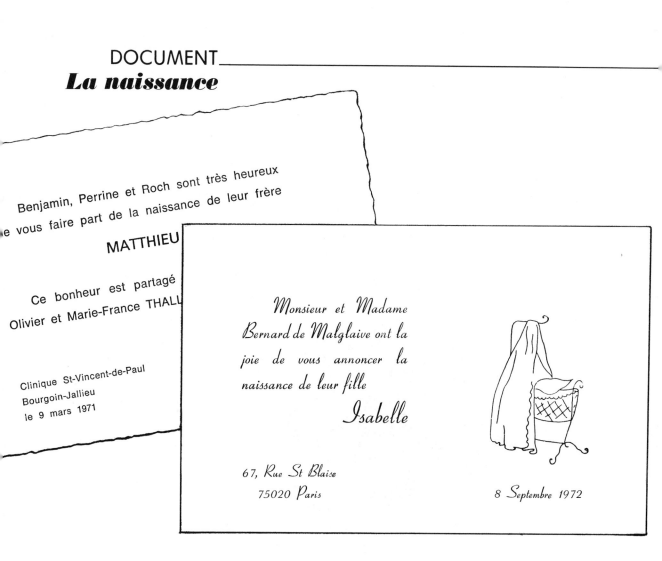

Benjamin, Perrine et Roch sont très heureux
de vous faire part de la naissance de leur frère

MATTHIEU

Ce bonheur est partagé
Olivier et Marie-France THALL

Clinique St-Vincent-de-Paul
Bourgoin-Jallieu
le 9 mars 1971

*Monsieur et Madame
Bernard de Malglaive ont la
joie de vous annoncer la
naissance de leur fille*

Isabelle

*67, Rue St Blaise
75020 Paris*

8 Septembre 1972

La famille d'hier

La famille était considérée comme la base la plus solide de la société. Elle était protégée par la loi, les institutions, la religion. Elle avait ses caractéristiques *immuables*.

qui ne changent pas

La famille tribu

La famille *comprenait* les parents et les enfants, mais aussi les grands-parents, les oncles, les tantes, les cousins. Tout ce monde vivait souvent dans la même ville ou le même village, et souvent dans la même maison.

incluait

La famille hiérarchisée

Dans la famile traditionnelle, chacun avait un rôle bien défini. Le père avait le titre d'empereur. La mère assumait les fonctions de ministre de l'éducation, de ministre des finances, de ministre des affaires intérieures.

La famille ghetto

La famille garantissait une certaine protection contre les circonstances difficiles de l'existence. Elle isolait aussi ses membres du monde extérieur. On se mariait entre personnes du même milieu économique et social. La famille était le meilleur obstacle à l'intégration sociale.

VOCABULAIRE: La famille

Les membres de la famille
>**La famille proche** ou la **cellule familiale** comprend:
>>**les parents: le père, la mère**
>>**les enfants: le fils, la fille; le frère, la sœur**
>>**Une famille nombreuse** a au moins trois enfants.
>
>**La famille éloignée** comprend:
>>**les grands-parents: le grand-père, la grand-mère**
>>**les petits-enfants: le petit-fils, la petite-fille**
>>**les parents** [*relatives*]: **l'oncle** et **la tante, le neveu** et **la nièce, le cousin** et **la cousine**
>>On a **des cousins germains** [*first cousins*] et **des cousins éloignés.**

Le rôle de la famille
>**l'éducation:** les parents **élèvent** les enfants
>**la protection:** les parents **protègent** les enfants contre l'adversité
>**le dévouement:** les membres de la famille **sont dévoués** les uns envers les autres
>**le respect:** les enfants doivent **respecter** les parents
>**les conseils:** les parents **donnent des conseils** aux enfants
>**la confiance:** les enfants **ont confiance** en leurs parents

Les rapports familiaux
>Les parents peuvent être... **sévères** ou **indulgents, autoritaires** ou **tolérants, incompréhensifs** ou **compréhensifs**
>Les enfants peuvent être... **obéissants** ou **désobéissants, dociles** ou **difficiles**

La bonne entente, c'est...
>**respecter** les membres de la famille
>**accepter** leurs opinions
>**avoir des rapports cordiaux, agréables avec** la famille
>**entretenir de bons rapports avec** la famille
>**s'entendre avec** la famille

Le conflit, c'est...
>**avoir des disputes et des querelles avec** la famille
>**avoir des rapports tendus avec** la famille
>**entretenir de mauvais rapports avec** la famille
>**faire des reproches à** la famille
>**être révolté contre** la famille
>**se révolter contre** ses parents
>**rejeter** leurs opinions

ACTIVITÉ: Le rôle des parents

Quel est le rôle des parents dans la société moderne? Quelles sont leurs obligations? Exprimez votre opinion personnelle d'après le modèle.

 MODÈLE: donner une bonne éducation à leurs enfants
Oui, les parents ont l'obligation de donner une bonne éducation à leurs enfants.
ou: *Non, les parents n'ont pas l'obligation de donner une bonne éducation à leurs enfants.*

1. être sévères avec leurs enfants
2. être indulgents
3. être tolérants
4. être autoritaires
5. se sacrifier pour leurs enfants
6. payer les études de leurs enfants
7. donner de l'argent de poche à leurs enfants
8. assurer la formation morale de leurs enfants
9. former la personnalité de leurs enfants
10. protéger leurs enfants contre l'adversité
11. engager le dialogue avec leurs enfants
12. guider leurs enfants dans l'existence
13. surveiller la moralité de leurs enfants
14. critiquer leurs enfants
15. donner des conseils à leurs enfants

ACTIVITÉ: Le rôle des enfants

Selon vous, est-ce que les enfants doivent faire les choses suivantes?

MODÈLE: obéir à leurs parents
Oui, les enfants doivent obéir à leurs parents.
ou: *Non, les enfants ne doivent pas obéir à leurs parents.*

1. respecter leurs parents
2. respecter les opinions de leurs parents
3. aider leurs parents dans l'adversité
4. assister aux réunions familiales
5. conserver les traditions familiales
6. se sacrifier pour leurs parents
7. informer leurs parents de leur vie sentimentale
8. avoir confiance en leurs parents
9. critiquer leurs parents

ACTIVITÉ: Conflits

Dites si les choses ci-dessous peuvent être une source de conflits entre vos parents et vous. Dans vos phrases, utilisez l'une des expressions suivantes: **jamais, rarement, de temps en temps, parfois, la plupart du temps, toujours.**

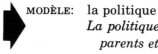 MODÈLE: la politique
La politique est souvent une source de conflit entre mes parents et moi.

1. l'usage du téléphone
2. l'usage de la télévision
3. l'usage de la voiture familiale
4. mes notes en classe
5. mes notes en français
6. mes amis
7. la pratique de la religion
8. mon avenir
9. mes opinions
10. les travaux domestiques
11. les loisirs
12. l'argent de poche

Maintenant posez à un(e) camarade des questions sur le même thème.

 MODÈLE: la politique
Vous: Est-ce que la politique est une source de conflit entre toi et tes parents?
Votre camarade: Oui.
Vous: Pourquoi?
Votre camarade: Parce que je suis plus libéral(e) qu'eux.

ACTIVITÉ: Questions personnelles

1. Faites-vous partie d'une famille nombreuse? Combien de frères avez-vous? combien de sœurs? Quel âge ont-ils?
2. Est-ce que vos grands-parents habitent avec vous? Où habitent-ils? Allez-vous souvent chez eux?
3. Avez-vous des cousins germains? combien? Où habitent-ils? Est-ce que vous les voyez souvent?
4. Avez-vous des oncles et des tantes? Est-ce que vous leur rendez visite? à quelles occasions?
5. Assistez-vous souvent à des réunions familiales? à quelles occasions?
6. Vos parents sont-ils plutôt autoritaires? sévères? indulgents? tolérants?
7. Demandez-vous souvent conseil à vos parents? sur quels sujets?
8. Avez-vous totalement confiance en vos parents? Est-ce que vos parents ont totalement confiance en vous?

9. Est-ce que vous vous entendez bien avec vos parents? Entretenez-vous de bons rapports avec les autres membres de votre famille?
10. Avez-vous des disputes avec vos frères et vos sœurs? à quelles occasions?
11. Dans votre famille, qui a le rôle effectif de chef de famille? Qui prépare le budget familial? Qui s'occupe le plus de l'éducation des enfants?

ENQUÊTE
Et la famille d'aujourd'hui?

On connaît les lamentations de la génération plus âgée: «Il n'y a plus de religion, plus d'État! Il n'y a plus de respect de la hiérarchie, plus d'autorité des maîtres, plus d'amour du travail! Les valeurs fondamentales de notre société disparaissent. En fait, tout disparaît! Il n'y a même plus de nature!» Et la famille? Est-ce qu'elle disparaît, elle aussi?

La famille ne peut pas disparaître. C'est une nécessité biologique. On ne naît pas sans père et sans mère. Ce qui disparaît, c'est le caractère traditionnel des rapports familiaux. Si on ne choisit ni ses parents, ni ses frères, ni ses sœurs, on peut maintenant choisir l'environnement de la famille que l'on veut créer. Voilà le changement fondamental.

Pour analyser ce changement, le magazine l'*Express* a interrogé un grand nombre de jeunes Français et de jeunes Françaises. Quelle est leur conception de la famille? Quel rôle assignent-ils à celle-ci? Ont-ils une attitude positive ou négative envers la famille? Et d'abord, y croient-ils?

Avant de découvrir les opinions des Français, répondez à chaque question vous-même.

1. Votre opinion du rôle éducatif de vos parents
   Est-ce que vos parents se sont occupés de vous?

   a. oui, comme il faut
   b. plutôt trop
   c. plutôt pas assez
   d. sans opinion

2. L'éducation de vos enfants
   Pensez-vous que vous élèverez vos enfants comme vos parents vous ont élevé(e)?

   a. oui
   b. non
   c. sans opinion

3. Le nombre idéal d'enfants
   Combien d'enfants voulez-vous avoir?

   a. aucun
   b. un
   c. deux
   d. trois
   e. quatre et plus
   f. sans opinion

4. Le rôle futur de la famille
   Croyez-vous que dans l'avenir l'unité de la cellule familiale sera aussi importante qu'aujourd'hui?

   a. plus importante
   b. moins importante
   c. sans opinion

5. À quoi sert la famille?
   Pour chacune des choses suivantes, est-ce que le rôle de la famille est très important ou pas?

   a. pour l'éducation des enfants?
   b. pour la protection contre l'adversité?
   c. pour le développement individuel des époux?

6. Le divorce
   Quelle est votre attitude envers le divorce?

   a. Je condamne le divorce par principe.
   b. Je suis sûr(e) que je ne divorcerai pas.
   c. C'est une éventualité possible que je redoute [I fear].
   d. C'est une eventualité possible que je ne redoute pas.

Comparez les résultats du sondage de votre classe avec les résultats du sondage de l'*Express* qui sont présentés dans la section suivante.

Résultats du questionnaire

1. a. 61%, b. 21%, c. 15%, d. 3%
2. a. 50%, b. 44%, c. 6%
3. a. 8%, b. 10%, c. 42%, d. 31%, e. 0%, f. 9%
4. a. 66%, b. 23%, c. 11%
5. très important: a. 85%, b. 58%, c. 51%; pas important: a. 11%, b. 30%, c. 37%; sans opinion: a. 4%, b. 12%, c. 12%
6. garçons: a. 7%, b. 47%, c. 38%, d. 8%; filles: a. 5%, b. 47%, c. 41%, d. 7%

SONDAGE

Vive la nouvelle famille!

«Vive la famille!» Ce n'est pas le *défi* d'une minorité de conservateurs, *challenge*
d'idéologues ou de moralisateurs. C'est le cri de la jeunesse française
d'aujourd'hui. Oui à la famille, mais à la famille moderne, à la famille
renovée. Oui à la famille fondée sur des rapports libres entre ceux qui
la composent. Voilà la conclusion du sondage fait par l'*Express* auprès
de jeunes Français âgés de 15 à 20 ans.

Dans leur grande majorité, les jeunes pensent que la préservation
de la cellule familiale est indispensable pour l'éducation des enfants
(85%), pour leur protection contre les difficultés de l'existence (58%), et
même pour le développement individuel des époux (51%).

61% des jeunes pensent que leurs parents se sont occupés d'eux
«comme il faut», même si la moitié d'entre eux ont décidé d'éduquer
leurs enfants d'une manière différente. Il est évident que le respect
des enfants pour leurs parents ne disparaît pas aussi rapidement qu'on
le dit!

Trois quarts des jeunes veulent avoir au moins deux enfants. *3/4*
Peut-être changeront-ils d'idées, mais au départ, leur attitude envers
la famille est moins égoïste que celle de leurs parents.

La majorité des jeunes pensent que l'unité de la famille aura tendance à diminuer. Est-ce que cette opinion contredit l'attachement
des jeunes aux valeurs familiales? Pas nécessairement! Cela signifie
simplement qu'ils imaginent une famille différente de la famille traditionnelle. Une famille différente, moins isolée, plus ouverte et surtout
plus libre. Et avant tout, ils veulent une famille.

ACTIVITÉ: À votre tour

Supposez que vous êtes le père ou la mère de teenagers. Quelle serait votre attitude dans les situations suivantes? Seriez-vous...

> furieux (furieuse)
> pas d'accord
> indifférent(e)
> d'accord
> enchanté(e)

1. Si vos enfants avaient des idées politiques extrémistes?
2. S'ils étaient révolutionnaires?
3. S'ils étaient communistes?
4. S'ils étaient pro-fascistes?
5. S'ils étaient athées?
6. S'ils étaient anti-militaristes?
7. S'ils ne respectaient pas leurs professeurs?
8. S'ils n'étudiaient pas?
9. S'ils n'étaient pas honnêtes?
10. S'ils ne vous respectaient pas?
11. S'ils fumaient?
12. S'ils fumaient de la marijuana?

ACTIVITÉ: La famille moderne

Dites si les éléments suivants sont généralement absents ou présents dans la famille moderne et dans votre famille.

1. l'amour
2. l'autorité paternelle
3. l'autorité maternelle
4. la confiance
5. la sécurité
6. le respect des autres
7. la générosité
8. la discipline
9. l'égalité
10. la sincérité
11. la possibilité du dialogue
12. les problèmes économiques
13. les problèmes psychologiques
14. la tolérance
15. la patience
16. le manque [lack] de communication
17. la violence
18. les petites disputes
19. l'incompréhension
20. l'égoïsme
21. la jalousie
22. l'immoralité
23. les querelles continuelles
24. l'isolement

Des éléments ci-dessus, indiquez ceux qui constituent les trois meilleures protections de la famille, et ceux qui constituent les trois plus graves dangers pour la famille.

ACTIVITÉ: Vive la famille!

Pour chacune des circonstances suivantes, indiquez si celle-ci encourage les familles à avoir des enfants, décourage les familles à avoir des enfants, n'a pas d'influence sur la famille.

1. le confort
2. l'urbanisation
3. l'inflation
4. le coût des études
5. la nouvelle moralité
6. le matérialisme
7. l'égalité des sexes
8. l'idéalisme des jeunes
9. la mobilité de la société
10. la plus grande égalité sociale
11. le nouveau féminisme
12. le développement de la contraception
13. la régression de la religion
14. les progrès de la médecine
15. la facilité de l'existence
16. les problèmes économiques

DOSSIER 11

Place aux femmes!

DOCUMENT

Les femmes protestent...

Souvent femme varie: fol est qui s'y fie.[1]
Cherchez la femme!

Est-ce que ces proverbes sont des proverbes sexués? Expliquez votre
réponse.

UN PEU D'HISTOIRE

Quelques premières

En France

Est-ce que l'égalité entre les sexes existe en France aujourd'hui? En théorie, peut-être.
En pratique, non. Pourtant, des progrès sensibles ont été accomplis dans cette direc-
tion. Voici quelques «premières» qui ont marqué l'émancipation de la femme en
France.

1788 Condorcet, un philosophe et homme politique, réclame pour les femmes le droit à l'instruction et à l'emploi.
1849 Pour la première fois, une femme se présente aux élections. (Situation paradoxale à
une époque où les femmes n'ont pas le droit de vote!)
1851 Pour la première fois, une femme est décorée de la Légion d'Honneur, qui était alors
une décoration exclusivement militaire. Cette femme avait participé à toutes les
campagnes de Napoléon.
1861 Pour la première fois, une Française est reçue au baccalauréat. C'est une institutrice
de 37 ans.
1868 Première femme-médecin.
1882 Création d'une ligue pour le droit des femmes. Son inspirateur: un homme—Victor
Hugo.
1900 Première femme-avocat.
1903 Marie Curie, Française d'origine polonaise, est la première femme à recevoir un prix
Nobel. (En 1911, elle recevra un second prix Nobel.)
1945 Les Françaises votent pour la première fois.
1947 Pour la première fois, une femme est ministre dans un gouvernement français.
1962 Pour la première fois, une femme mariée peut signer un chèque sans l'autorisation de
son mari.
1967 Première femme pilote de ligne.
1976 Première femme-général.

---

[1] La femme change souvent d'opinion: on ne doit pas se fier à [*trust*] ce qu'elle dit.

et ailleurs

1691 États-Unis: Les femmes votent pour la première fois dans l'état de Massachusetts. Elles perdent ce droit en 1780.

1862 Suède: Les femmes votent aux élections municipales pour la première fois.

1893 États-Unis: Les femmes votent dans l'état du Colorado.

1905 Allemagne: Bertha Kinsky, première femme à obtenir le prix Nobel de la Paix.

1909 Suède: Selma Lagerlœf, première femme à obtenir le prix Nobel de Littérature.

1928 Hollande: Pour la première fois, les femmes participent aux Jeux Olympiques (32 ans après les hommes).

1942 Pérou: Conchita Cintron, première femme toréador.

1963 Union Soviétique: Première femme dans l'espace, Valentina Térechkowa.

1966 Inde: Indira Ghandhi est élue premier ministre.

1972 États-Unis: Première femme-rabbin, Sally Preisand.

1975 Cuba: Le «Code de la famille» stipule que l'homme et la femme ont l'obligation de partager toutes les tâches domestiques.

PORTRAIT_____

Madame la Générale

Valérie André est une femme grande, brune, élégante. Elle est mariée, mais son mariage ne l'a pas empêchée d'être médecin, parachutiste, pilote d'hélicoptère... Aujourd'hui, elle est aussi générale dans l'armée française. C'est la première femme à atteindre ce grade.

Ce n'est pas un grade honorifique. Si Valérie André l'a obtenu, c'est grâce à ses qualités humaines et à son expérience militaire, une expérience supérieure à celle de beaucoup de ses collègues masculins. Pendant la Guerre d'Indochine et la Guerre d'Algérie, elle a en effet accompli près de 500 missions de combat comme pilote d'hélicoptère. Aujourd'hui, Valérie André peut se sentir supérieure à son mari. Celui-ci n'est en effet qu'un simple colonel de réserve.

VOCABULAIRE: La femme française

La femme au travail
Une femme-cadre exerce une profession libérale.
Une employée travaille dans un bureau ou un magasin.
Une ouvrière travaille dans une usine.

La femme chez elle
Une femme d'intérieur s'occupe de sa maison.
Une maîtresse de maison reçoit les invités.
Une ménagère fait les courses.

La femme engagée
La féministe fait partie du MLF (Mouvement de la Libération des Femmes).

Revendiquer ou **réclamer...**
l'égalité civile et économique
le statut égal avec l'homme
la distribution équitable des tâches domestiques [*chores*]

Être contre et **lutter contre...**
l'inégalité
la discrimination
l'exploitation de la femme
les humiliations
l'idée de **la femme-objet**

ACTIVITÉ: Problèmes?

Dites si les éléments suivants sont aujourd'hui un problème pour les femmes américaines.

1. l'exploitation
2. la discrimination sociale
3. l'inégalité des salaires
4. l'inégalité des professions
5. les préjugés anti-féministes
6. la tyrannie du mari
7. la chauvinisme du mâle
8. l'esclavage familial
9. la servitude des travaux domestiques
10. la discrimination dans l'éducation
11. l'absence de chances réelles
12. la peur de ne pas réussir

Quelques militantes françaises

Jeanne d'Arc *(1412–1431)*

À l'époque où Jeanne d'Arc vivait, la France était occupée par les Anglais. Devant ce désastre, Jeanne décida de prendre sur elle le destin de son pays. Elle commença par conquérir la confiance du roi qui lui donna une armée. Puis elle *conquit* la confiance de ses troupes avec qui elle *battit* les Anglais et libéra la France.

passé simple: conquérir
passé simple: battre
passé simple: être

Hélas, Jeanne ne *fut* pas récompensée de sa vaillance. Abandonnée par le roi, trahie par ses compagnons d'armes, elle fut capturée par ses ennemis et brûlée... Jeanne avait 20 ans!

Olympe de Gouges (1748–1793)

Cette idéaliste était en avance sur son temps... Malheureusement pour elle! Au moment où les Révolutionnaires français proclamaient «les droits de l'homme et du citoyen», Olympe de Gouges écrivit un pamphlet qu'elle intitula «Les droits de la femme et de la citoyenne». Ce pamphlet, bien sûr, réclamait l'égalité de la femme et de l'homme. Pour cet acte sacrilège, Olympe de Gouges fut condamnée... et guillotinée.

George Sand (1804–1876)

George Sand (née Aurore Dupin) *s'illustra* par son dédain de conventions. Elle quitta sa province et un mari *odieux* pour conquérir Paris. Là, habillée en homme et fumant le cigare, elle fit scandale, mais elle devint la *romancière* la plus célèbre de son époque. Elle inspira aussi des hommes de génie, parmi lesquels le grand Frédéric Chopin.

est devenue célèbre

détestable

femme qui écrit des romans [*novels*]

Louise Michel (1830–1905)

Louise Michel était socialiste à une époque où la France avait un empereur. C'était aussi une activiste et une révolutionnaire.

En 1871, elle participa à la Commune (qui fut la dernière des révolutions françaises) et monta sur les barricades. Arrêtée, elle fut déportée en Nouvelle Calédonie, c'est-à-dire à l'autre bout du monde. Amnistiée, elle *revint* en France où elle reprit le combat pour une société plus juste et plus équitable.

passé simple: revenir

Louise Michel, qu'on surnomma la «Vierge Rouge», se signala non seulement par sa ferveur révolutionnaire, mais aussi par son humanité et sa charité.

Françoise Giroud (1916–)

Journaliste de talent, Françoise Giroud décida de réserver ses efforts à défendre la cause de la femme. C'était une mission *ardue* dans une société convaincue de l'infériorité féminine. Pour réaliser cet objectif, Françoise Giroud choisit la politique. En 1974, elle fut appelée au gouvernement où elle *devint* Secrétaire d'État à la Condition Féminine. À ce poste elle *remplit* sa mission avec ardeur et courage.

difficile

passé simple: devenir
exécuta

1. Des cinq portraits que vous avez lus, quel est celui qui vous paraît le plus sympathique? le moins sympathique? Pourquoi?
2. Choisissez une héroïne américaine et décrivez rapidement sa biographie. Vous pouvez utiliser l'un des portraits ci-dessus comme modèle.
3. D'après vous, qui sont les femmes qui ont le plus contribué à l'amélioration de la condition féminine aux États-Unis? Justifiez votre choix.

ENQUÊTE

Les femmes vues par elles-mêmes

Les femmes d'aujourd'hui n'ont pas nécessairement des opinions identiques sur les sujets qui les intéressent et préoccupent: la politique, le travail, la famille... Voici l'opinion de plusieurs femmes que nous avons interrogées.

Politique

- La place de la femme est à la maison... pas *à la tribune*.   à faire de la politique

- Bien sûr que les femmes ont un rôle à jouer en politique. S'il y avait des femmes au gouvernement, il n'y aurait pas de guerre!

- Aujourd'hui la crise la plus grave est la crise de la famille. Il faut des lois qui protègent celle-ci... Il faut *élire* des femmes pour faire voter   choisir aux élections
ces lois.

- Même si nous votons pour des femmes, ce sont les hommes qui continuent à décider.

Travail

- Le travail libère l'individu. Pour nous, les femmes, le travail est devenu une nécessité. Il nous donnera l'indépendance. L'indépendance économique, bien sûr, mais surtout l'indépendance psychologique et intellectuelle.

- Le travail féminin est un phénomène irréversible. C'est le seul moyen d'éliminer l'inégalité qui existe entre l'homme et la femme.

- D'accord, je suis pour le travail féminin. Je trouve parfaitement normal que les femmes soient avocates, médecins, juges, ingénieurs. Mais il y a des limites... Je ne serais pas très rassurée, par exemple, d'être dans un avion piloté par une femme.

- L'essentiel ce n'est pas que la femme travaille, c'est qu'elle ait le choix. Le choix de rester à la maison si elle le désire ou le choix d'avoir un emploi. Actuellement, ce choix n'est pas possible...

- Si la femme décide de travailler, la société doit prendre en charge la garde des enfants.

- Je travaille dans une usine. Mon travail est *épuisant*. Je préférerais rester chez moi, m'occuper de mes enfants et de mon mari. Je ne trouve rien de déshonorant dans le rôle de mère et d'épouse.   *fatigant*

- Jamais je n'accepterais d'être opérée par une femme-chirurgien.

- Je suis secrétaire. Eh bien, dans mon travail je préfère être commandée par un homme. Les femmes se jalousent entre elles. Elles ne s'intéressent qu'à la nourriture, à la mode et à la beauté. Les hommes ont des conversations plus intelligentes.

Famille

- Le jour où elle se marie, la femme devient une esclave. C'est le mari qui donne les ordres, c'est la femme qui les exécute. Cet état de choses doit cesser. De nouveaux rapports doivent être établis. Des rapports basés non plus sur l'autorité, mais sur le respect mutuel... et la division des tâches domestiques.

- Je ne vois rien de déshonorant à rendre mon mari heureux. C'est lui qui travaille. C'est normal que je m'occupe de lui quand il rentre à la maison!

- Un mari qui fait la cuisine ou qui *fait les courses,* je trouve cela ridicule. Il est évident que les rôles sont différents dans une famille, et que la femme a probablement le rôle le plus difficile. Mais c'est la loi de la nature et de la société. Dans toute société, les rapports entre individus nécessitent la distribution de rôles différents pour chacun.   *achète la nourriture*

- La femme est mère. C'est une nécessité biologique. Cela ne signifie pas qu'elle doit être l'esclave *du foyer.* Les rôles doivent être distribués plus équitablement. Il faut que le mari s'occupe *davantage* de l'éducation de ses enfants. Il faut que la femme ait plus de loisirs. Aujourd'hui, c'est nécessaire pour l'équilibre de la famille.   *de la maison*
   plus

ACTIVITÉ: Analyse

Étudiez chacune des opinions qui ont été exprimées. Dites si vous êtes entièrement d'accord, partiellement d'accord ou pas du tout d'accord.

ACTIVITÉ: En famille

Selon vous, qui doit avoir les rôles suivants dans la vie de la famille: le mari? la femme? le mari et la femme? Commencez vos phrases par **Il est normal (il n'est pas normal) que...**

▶ MODÈLE: faire la cuisine
Il est normal que la femme fasse la cuisine.
ou: *Il est normal que le mari et la femme fassent la cuisine.*

1. travailler
2. gagner l'argent du foyer
3. faire le ménage [*housework*]
4. faire les courses [*shopping*]
5. acheter les vêtements
6. préparer le budget
7. s'occuper des enfants
8. être responsable de la discipline
9. être responsable de l'éducation des enfants
10. choisir la voiture familiale
11. réparer la voiture
12. faire les petites réparations de la maison
13. organiser les loisirs de la famille
14. être le chef de la famille

— Quand je serai grand,
c'est moi qui commanderai à la maison,
je resterai célibataire !...

FLASH

Sexe et langage

On dit: «Madame Durand est un professeur remarquable.» On dit aussi: «Sylvie fait d'excellentes études de médecine. Si elle continue, ce sera un excellent médecin.» **Un** professeur! **Un** médecin! Pourquoi pas **une** quand on parle d'une femme? Qu'y a-t-il de particulièrement masculin à exercer la profession de médecin? ou de professeur? ou d'ingénieur? ou de jockey? ou de chef d'orchestre? Et pourquoi dit-on **un** mannequin, quand la plupart des mannequins sont en réalité des femmes?

On dit **un** cadre lorsqu'il s'agit d'un homme. D'accord, mais pourquoi doit-on préciser **une femme**-cadre lorsqu'il s'agit d'une femme? On dit **un homme** politique, mais on ne dit pas **une femme** politique. Pourquoi? Est-ce que les femmes ne font pas de politique?

On dit: «Les Français ont élu X comme président.» Et les Françaises? Elles ne votent pas? On dit: «Il y a 250 millions d'Américains.» Absurde, surtout quand la majorité des Américains sont en réalité... des Américaines.

On dit: «Jacques et Sylvie sont d'excellents amis.» Pourquoi le pluriel est-il masculin? On dit aussi en parlant de Nathalie, de Michèle, de Jacqueline, de Françoise, de Monique et de Robert: «Ils sont allés à Paris.» Pourquoi **ils** quand la majorité est féminine?

On dit: «Quand on est étudiant, on aime aller au cinéma.» Et les étudiantes, elles, est-ce qu'elles ne vont jamais au cinéma?

Le langage est un phénomène culturel. Il reflète les valeurs d'une société, mais il en traduit aussi les préjugés. Quelles réflexions peut-on faire sur une société dont la langue est et reste systématiquement sexuée?

ACTIVITÉ: La théorie et la réalité

Théorie: Voici certaines professions. Dites si chacune de ces professions vous paraît:

typiquement féminine   plutôt masculine
plutôt féminine   ni masculine, ni féminine
typiquement masculine

▶ MODÈLE: professeur
La profession de professeur me paraît ni masculine ni féminine.

1. médecin   6. maçon   11. photographe
2. avocat   7. chef d'orchestre   12. ingénieur
3. pilote   8. pianiste   13. journaliste
4. jockey   9. secrétaire   14. architecte
5. plombier   10. mannequin   15. chauffeur de taxi

Réalité: Maintenant demandez à un(e) camarade s'il y a plus d'hommes ou de femmes dans chacune de ces professions.

▶ MODÈLE: médecin
Vous: Est-ce qu'il y a plus d'hommes ou de femmes médecins?
Votre camarade: Aux États-Unis il y a plus d'hommes.

SONDAGE

Les femmes vues par les hommes

Autrefois, l'homme avait le rôle dominant dans tous les domaines... au travail, à la maison, en politique. Est-ce que cette situation a changé? Probablement pas beaucoup. Ce qui a changé, c'est l'attitude des hommes envers les femmes. Si l'égalité n'existe pas encore, les hommes semblent prêts à accepter celle-ci. Du moins, en théorie! C'est un début!

Pour saisir ce changement d'attitude, le magazine française l'*Express* a organisé un sondage auprès de 1.000 hommes âgés de 20 à 65 ans. Quelle est l'image que les hommes d'aujourd'hui se font des femmes? Accepteraient-ils d'être commandés par une femme? Est-ce que la femme est différente de l'homme? Voici quelques-uns des résultats du sondage de l'*Express*.

1. Accepteriez-vous que votre femme gagne plus d'argent que vous?

oui	86%
non	14%

2. Accepteriez-vous que votre femme ait plus de fortune que vous?

oui	90%
non	9%
sans opinion	1%

3. Accepteriez-vous que votre femme occupe une fonction plus importante que vous?

oui	85%
non	13%
sans opinion	2%

4. Accepteriez-vous d'avoir une femme comme supérieure hiérarchique dans votre travail?

oui	68%
non	30%
sans opinion	2%

5. Parmi les qualités suivantes, quelle est celle qui vous paraît la plus typiquement féminine?

la sensibilité [sensitivity]	32%
l'intuition	16%
le sens des responsabilités	15%
la fidélité	13%
le sens du devoir	12%
l'imagination	12%

6. Parmi les défauts suivants, quel est celui qui vous parait le plus typiquement féminin?

la jalousie	30%
le changement d'humeur	29%
l'envie	20%
le mensonge [lying]	11%
le manque de réflexion	10%

7. Voici une liste d'adjectifs. Quel est celui qui s'applique le mieux aux jeunes femmes d'aujourd'hui?

libres	25%
indépendantes	19%
courageuses	13%
revendicatrices [vindictive]	13%
intelligentes	12%
intéressées [money-oriented]	11%
équilibrées [mentally balanced]	7%

8. En ce qui concerne le travail, quelle est la meilleure solution pour une femme?

travailler toute sa vie	6%
travailler jusqu'au mariage	9%
s'arrêter de travailler quand elle a des enfants	29%
s'arrêter le temps d'élever ses enfants et reprendre ensuite	37%
ne pas travailler	16%
sans opinion	3%

9. Pensez-vous que les femmes d'aujourd'hui perdent de leur féminité?

	dans leur manière de s'habiller?	*dans leurs attitudes?*	*dans leurs sentiments?*
oui	54%	51%	25%
non	44%	45%	60%
sans opinion	2%	4%	15%

ACTIVITÉ: À votre tour

Faites un sondage semblable. Pour cela, posez les questions ci-dessus à 10 hommes que vous connaissez (de préférence âgés de plus de 20 ans). Présentez les résultats sous forme de tableau et comparez-les aux résultats de l'*Express*.

Le troisième âge

DOCUMENT

Pour rester jeune...

Comment ne pas vieillir

Avec les progrès de la science, il y a de plus en plus de personnes âgées. Le malheur c'est qu'un jour, vous et moi, nous serons l'une de ces personnes. On ne peut pas éviter la vieillesse. La meilleure façon de ne pas trop mal vieillir, c'est d'accepter la vieillesse et surtout de s'y préparer. Voici comment:

- Ne cessez jamais de travailler.
  L'idéal c'est d'avoir une profession indépendante où vous pourrez continuer vos activités après 65 ans. Si vous êtes salarié, trouvez une occupation qui vous tiendra *éloigné* de la télé.   loin

- Faites attention à votre poids.
  Les personnes minces paraissent toujours sympathiques, même après 65 ans.

- Faites attention à votre posture.
  Tenez-vous droit. C'est difficile quand on est jeune. C'est essentiel quand on est vieux.

- N'utilisez pas d'artifice.
  La jeunesse éternelle dure jusqu'à 55 ans. Après, il est impossible de *tricher*. Acceptez vos *rides* et la couleur de vos cheveux. N'ayez pas   *cheat* peur des cheveux blancs: c'est une marque de distinction. Surtout, jamais de cheveux bleus!

- Faites attention aux signes extérieurs de l'âge.
  Si vous êtes un homme, portez les cheveux courts (les cheveux longs révèlent beaucoup plus *la calvitie* que les cheveux courts). Si vous êtes une femme, montrez vos jambes, mais ne montrez pas vos bras.

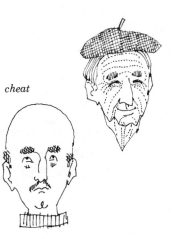

- Développez vos talents de conversation.
  Les histoires de personnes âgées sont souvent fascinantes. Tout le monde n'a pas eu la chance de connaître le temps d'avant la télé ou d'avant l'avion.

- Ne cachez pas votre âge.
  Vous avez l'âge que vous avez. Ce qui compte c'est votre attitude envers la vie. Un jeune de 65 ans est plus sympathique qu'un vieux de 25 ans.

- Recherchez le froid, pas le soleil.
  Un climat froid vous rendra plus résistant. On meurt plus en Floride qu'au Pôle Nord.

- Gardez votre mauvais caractère!
  On n'a pas souvent pitié de quelqu'un qui se lamente. On respecte quelqu'un qui se met vraiment en colère.

- Soyez indépendant.
  Les jeunes sont égoïstes. Ne comptez pas sur eux!

ACTIVITÉ: Discussion

Êtes-vous d'accord avec chacun de ces conseils? D'après vous, quels sont les meilleurs conseils? Y a-t-il des conseils que vous trouvez ridicules ou exagérés? Lesquels?

ACTIVITÉ: Questions personnelles

Vos grands-parents (pour simplifier, nous allons parler de votre grand-père, mais ces questions peuvent aussi s'appliquer à votre grand-mère):

1. Est-ce que votre grand-père est mort ou vivant?
2. S'il est mort, où est-il enterré? dans quelle ville? dans quel cimetière?
3. Quel âge avait-il quand il est mort?
4. S'il est vivant, quel âge a-t-il?
5. Est-il infirme? sourd? aveugle?
6. Est-ce qu'il a conservé sa mémoire? sa lucidité?
7. Est-ce qu'il a pris sa retraite?
8. Où est-ce qu'il habite? chez lui? chez vous? dans une maison de retraite?
9. Est-ce qu'il est heureux?
10. Comment s'occupe-t-il?

La personne la plus âgée que vous connaissez:

1. Quel âge a cette personne?
2. Est-ce un homme ou une femme?
3. Est-elle infirme? sourde? aveugle?
4. Où habite-t-elle?
5. Comment s'occupe-t-elle?

Les maisons de retraite:

1. Avez-vous déjà visité une maison de retraite? Où?
2. Est-ce que les gens donnaient l'impression d'être heureux ou malheureux?
3. Est-ce qu'ils avaient des visiteurs?
4. Comment s'occupaient-ils?

ACTIVITÉ: Vous aussi

Un jour vous aussi, vous serez victime de la vieillesse et de ses désavantages. Devant les possibilités suivantes, dites si vous serez angoissé(e), révolté(e) ou résigné(e).

1. la vieillesse
2. la maladie
3. les infirmités
4. l'inactivité
5. la pauvreté
6. l'insécurité
7. l'indifférence des gens
8. la solitude morale
9. la perte [*loss*] de votre mari / femme
10. l'isolement physique
11. la perte de l'appétit
12. la perte de la mémoire
13. la perte de la raison
14. la perte de la vue
15. la difficulté de s'exprimer
16. la mort de vos amis
17. l'égoïsme de vos enfants
18. les changements dans la société
19. l'impression d'être inutile
20. l'insensibilité de la société
21. la vie dans une maison de retraite
22. la perte de l'indépendance

VOCABULAIRE: La vieillesse

Vivre
> On apprécie **la vie**.
> On **est vivant**.

Mourir, décéder
> On accepte **la mort**.
> On **est mort, décédé**.
> Quand une personne est morte, elle **est enterrée**.
>> **Les funérailles** ont lieu à l'église.
>> **L'enterrement** a lieu dans **le cimetière**.

Le troisième âge
> **La vieillesse**, c'est **le troisième âge**.
> Des **personnes âgées: un vieux, un vieillard; une vieille**

La retraite
> On **prend sa retraite** vers l'âge de 65 ans.
> **Un retraité (une retraitée)** ne travaille plus.
> Quelquefois on envoie les gens âgés dans **une maison de retraite**.

Les infirmités
> Quand on est **infirme**, on ne peut plus mener une vie active.
> Quand on est **sourd**, on ne peut plus entendre.
> Quand **la vue baisse**, on devient **aveugle**: on ne peut plus voir.
> Quand on **perd la mémoire**, on oublie beaucoup de choses.
> Quand on **perd la raison**, on n'est plus cohérent.

 Si jeunesse savait, si vieillesse pouvait.
Il n'y a pas de pire sourd que celui qui ne veut
pas entendre.

ENQUÊTE

Réflexions devant la mort

La vieillesse *rapproche* de la mort.   Nous avons demandé à des   est près
personnes âgées de nous donner leurs réactions devant la mort.
Elles vont de la résignation à la révolte.   Les voici:

Madame Gondal (*91 ans*):

Je suis catholique.   La mort peut venir quand elle voudra.   Je suis
préparée.

Monsieur Rambaud (*68 ans*):

Bien sûr, j'ai peur de la mort.   Parce que je ne vois pas ce qu'il y a de
l'autre côté.   Je n'ai pas la chance d'*être croyant*.   croire en Dieu

Monsieur de Malglaive (*71 ans*):

Je n'ai pas peur de la mort, mais j'ai peur de la maladie.   Pour le moment, je suis en bonne santé, mais la santé n'est pas éternelle.

Mademoiselle de la Roque (*75 ans*):

J'ai 75 ans.   Physiquement, je suis diminuée.   Je ne suis pas résistante
comme autrefois.   Ma vue baisse de plus en plus.   Je ne peux plus lire
ni écrire.   Pourtant moralement ça va.   Je suis lucide et je ne perds
pas la mémoire.   C'est l'essentiel.   J'espère vivre jusqu'à 100 ans.   Ensuite, on verra.

Le Docteur et Madame Robert VERGNE
Monsieur et Madame Roger FILLOT
Monsieur et Madame Jean Claude VERGNE
Madame Maurice VERVIALLE

François, Jean-Michel, Julien et Georges-Vincent VERGNE
Monsieur et Madame Jean-Marie CHAUVET
Gisèle, Jacques et Pierre FILLOT
Catherine VERGNE
Monsieur et Madame Francis VERVIALLE et leurs enfants
Madame Nicole HERBAIN et ses enfants

Madame Léon VERGNE

Monsieur et Madame Georges DAUBECH et leurs enfants
Madame Marcel MOUEIX et ses enfants
Monsieur et Madame Jean VERGNE et leurs enfants

Les familles MAZET, JALOUSTRE, DUPEYROUX, VERGNE, BAUDOT,
MILHET, LALIRON, MALLET, POUGETOUX, SAUVIAT, VAYSSE et
FLEURENT

Ont la douleur de vous faire part du décès de

Madame veuve Francis VERGNE
née Berthe MAZET

leur mère, grand-mère, arrière-grand-mère, nièce, **tante**, grand-tante, cousine et alliée,
survenu en son domicile, à Paris 14e, le 20 Mai 1975, dans sa 86e année.

PRIEZ POUR ELLE

La Levée de Corps aura lieu le **Vendredi 23 Mai à 7 heures 30 précises,** au
domicile, 73 bis, rue des Plantes (14e).

ni fleurs, ni couronnes, au départ de Paris

La Cérémonie religieuse sera célébrée en l'Eglise paroissiale de MEYMAC (Corrèze)
le **Samedi 24 Mai à 10 heures,** suivie de l'Inhumation dans le Caveau de famille.

Rue d'Audy, 19250 Meymac

Monsieur Christian (*80 ans*):

Non, je n'ai pas peur de la mort. Je l'attends même avec impatience. Ma femme est morte il y a deux ans. J'ai des enfants qui ne s'occupent pas de moi. Je suis seul. À *quoi ça sert,* un vieux tout seul?

quelle est l'utilité d'

Monsieur Boutron (*85 ans*):

J'ai vu plusieurs fois la mort. La première fois, j'avais 20 ans. C'était à Verdun.[1] À ce moment-là, cela m'avait été égal de mourir. Maintenant c'est plus difficile. Je suis en bonne santé. Je *tiens à* la vie.

aime

Madame Lavallée (*69 ans*):

J'ai travaillé toute ma vie. Maintenant je *vis* avec mes enfants. Je suis heureuse. Je vois grandir mes petits-enfants. Je voudrais vivre encore un peu pour les voir mariés. Mais c'est sans doute demander trop. Je suis prête quand Dieu voudra de moi.

habite

Monsieur Tronchet (*77 ans*):

Je ne suis pas catholique pratiquant, mais je crois à la vie future. La mort me rapprochera de ceux que j'ai aimés et qui ont disparu. Je n'ai pas peur de la mort.

Madame Parent (*82 ans*):

Je suis une invalide. Je passe mon temps entre mon lit et ma chaise. La mort serait une délivrance. Et pourtant, je ne veux pas mourir!

Monsieur Bertrand (*66 ans*):

La vieillesse est le moment le plus agréable de l'existence. J'habite avec ma femme dans une petite maison que nous avons achetée avec nos économies. Nous voyageons un peu, mais nous passons la plus grande partie du temps ensemble. Nous sommes heureux. Si la mort vient, il faudra qu'elle nous prenne tous les deux ensemble.

Mademoiselle Duval (*70 ans*):

J'étais biologiste. Pour moi, la mort devrait être un phénomène naturel. Je l'accepte avec ma raison, mais pas avec mes sentiments. Pour moi, la mort est un scandale!

[1] Bataille de la Première Guerre Mondiale, en 1916.

ACTIVITÉ: **Le plus grand malheur**

Pour certaines personnes, certaines choses sont plus pénibles [*painful*] que d'autres. Des possibilités de l'Activité, «Vous aussi», p. 130, dites quel est le plus grand malheur pour les personnes suivantes.

1. une personne qui a été riche
2. une personne qui a pratiqué les sports
3. une personne qui a été très active
4. une personne très intelligente
5. une personne autoritaire
6. une personne qui a une grande famille
7. une personne qui n'a pas de religion
8. un bon vivant

ACTIVITÉ: **Êtes-vous d'accord?**

Comment rendre la vieillesse plus agréable? Voici certaines solutions. Dites si vous êtes d'accord avec chacun. Commencez vos phrases par **il faut absolument que..., il serait bon que..., il est inutile que...** (N'oubliez pas d'utiliser le subjonctif.)

1. La sécurité sociale est augmentée.
2. Des hôpitaux spécialisés sont créés.
3. Les enfants donnent de l'argent à leurs parents.
4. Les vieillards habitent chez leurs enfants.
5. Les maisons de retraite sont gratuites.
6. L'église s'occupe des vieux.
7. Les organisations charitables préparent des voyages pour les vieux.
8. Les personnes âgées vivent ensemble.
9. Les maisons de retraite sont supprimées.
10. Les personnes âgées continuent à travailler.
11. Le gouvernement avance l'âge de la retraite.
12. Les jeunes passent leurs vacances avec les personnes âgées.

QUATRIÈME PARTIE

La vie
des idées

Le septième art

DOCUMENT

Quand on aime la vie, on va au cinéma

LES 80 ANS DU C
FILMS CHOISIS PAR L

LOGOS		MAC MAHON	
Mer. 26	TRISTANA	Mer. 26	SALVATORE ET GUL
Jeu. 27	L'IMPERATRICE ROUGE	Jeu. 27	M LE MAUDIT
Ven. 28	LES RAPACES	Ven. 28	7 WOMEN
Sam. 29	MEET ME IN SAINT-LOUIS	Sam. 29	BRIGADOON
Dim. 30	A NOUS LA LIBERTE	Dim. 30	LA RUEE VERS L'O
Lun. 1er	JULES ET JIM	Lun. 1er	TO BE OR NOT TO
Mar. 2	MURIEL	Mar. 2	LES ENFANTS DU PARADIS

Les aventures épou...toutfantes de TOM et JERRY sont maintenant presentées par le STUDIO UNIVERSEL au STUDIO MARIGNY

ACTIVITÉ: Questions

1. Des films du Document, quels sont ceux que vous avez vus?
2. Quels sont les films dont vous avez entendu parler?
3. Quels sont les films américains que vous pouvez identifier?
4. Quels sont les westerns? les drames psychologiques? les films d'aventure?
5. Quelles sont les comédies? les comédies musicales?
6. Quels acteurs et quelles actrices reconnaissez-vous? Dans quels autres films ont-ils (elles) joué?

Le cinéma est-il...
un loisir?
un spectacle culturel?
une forme d'art?
un moyen d'évasion?
le contraire de la réalité?

ACTIVITÉ: Questions personnelles

1. Allez-vous souvent au cinéma? Combien de fois par mois? seul(e) ou avec des camarades?
2. Pourquoi allez-vous au cinéma? Ou, pourquoi n'y allez-vous pas?
3. Quels sont les metteurs en scène américains que vous connaissez? les metteurs en scène étrangers (anglais, italiens, suédois, français)?
4. Y a-t-il un ciné-club à votre école? Quels sont les films qu'on y joue?
5. Êtes-vous un(e) cinéphile? Pourquoi? pourquoi pas? Selon vous, est-ce que le cinéma est plus un spectacle culturel qu'une forme de loisir?
6. Quel est le film qui vous a le plus impressionné(e)? celui qui vous a le plus choqué(e)?
7. Quels acteurs français connaissez-vous? quelles actrices?
8. Avez-vous déjà vu des films français? Comment s'appellent-ils? Avez-vous vu ces films en version originale?

VOCABULAIRE: Le cinéma

Les films
Les actualités montrent les événements de la semaine.
Le court métrage est un petit film qui dure trente minutes maximum.
Le dessin animé doit beaucoup à l'inspiration de Walt Disney.
Le documentaire est une étude de la réalité.
La comédie nous fait rire.
La comédie musicale contient des chansons et des danses.
Le western nous montre les cowboys et les Indiens.
Un **film d'aventures** peut être **un film d'espionnage** ou **un film poli-cier**.
Le film d'horreur (le film d'épouvante) nous fait peur.
Le drame psychologique nous présente les problèmes humains.

La production du film
Les gens:
    un acteur (une actrice): pour **jouer les rôles**
    un metteur en scène: pour **diriger le film**
    un réalisateur: pour **tourner** [*produce*] **le film**
Les éléments:
    le scénario ou le script
    les costumes et les décors
    le son: en version originale ou **en version doublée** [*dubbed*]
    la photographie: le truquage [*trick photography*] et **le montage**
    (Il y a des films **en couleur** et des films **en noir et blanc**.)

La critique
Le cinéphile adore le cinéma et voit tous les films.
Le critique analyse **la mise en scène et le jeu des acteurs**.
Un mauvais film est **un navet** [*litt: turnip*].
Un bon film reçoit **des prix**, comme l'Oscar.
Un excellent film est **un chef d'œuvre**.

ACTIVITÉ: Critique

L'importance des éléments d'un spectacle varie avec la nature de ce spectacle. Selon vous, parmi les éléments suivants, quel est le plus important et le moins important dans les spectacles ci-dessous?

le scénario   les dialogues
le jeu des acteurs   la musique
la mise en scène   la photographie

1. dans un western
2. dans une comédie
3. dans une comédie musicale
4. dans un film psychologique
5. dans un film d'horreur
6. dans un film d'aventures
7. dans un film policier

8. dans un documentaire
9. dans un dessin animé
10. dans une pièce de théâtre moderne
11. dans une pièce de théâtre classique
12. dans un opéra

FLASH

Le culte Bogart

Qui est l'acteur américain le plus populaire en France? Est-ce Marlon Brando? Paul Newman? Robert Redford? Jack Nicholson? Non! L'acteur aujourd'hui le plus en vogue est mort il y a vingt ans. Il s'appelle Humphrey Bogart. Certains acteurs sont l'objet d'une admiration provisoire, d'un culte passager. Le culte de Bogart est un culte permanent. À Paris, il y a toujours plusieurs cinémas qui présentent l'un de ses films.

Le film le plus célèbre reste «Casablanca». Bogart y joue le rôle d'un aventurier sentimental. «Casablanca» n'est pas un vrai chef d'œuvre. En fait, si les films de Bogart sont devenus des classiques, ce sont de mauvais classiques. Le scénario est mince, les acteurs sont souvent médiocres, la mise en scène n'existe pas. Oui, mais Bogart est là et cela suffit pour que ces films soient passés à la postérité.

Comment expliquer le succès de Bogart? Cet acteur n'a rien du «*jeune premier*». Il n'est pas beau, il n'est pas spectaculaire, et il a toujours l'air de dire «*je me fiche de tout.*» Justement, la société a besoin de gens qui ont toujours l'air de dire «je m'en fiche.» Elle a besoin d'anti-héros. Bogart est le anti-héros type. Voilà sans doute pourquoi il est aussi populaire aujourd'hui que *de son vivant:* Bogart est éternel!

romantic male lead
I don't give a damn

quand il était vivant

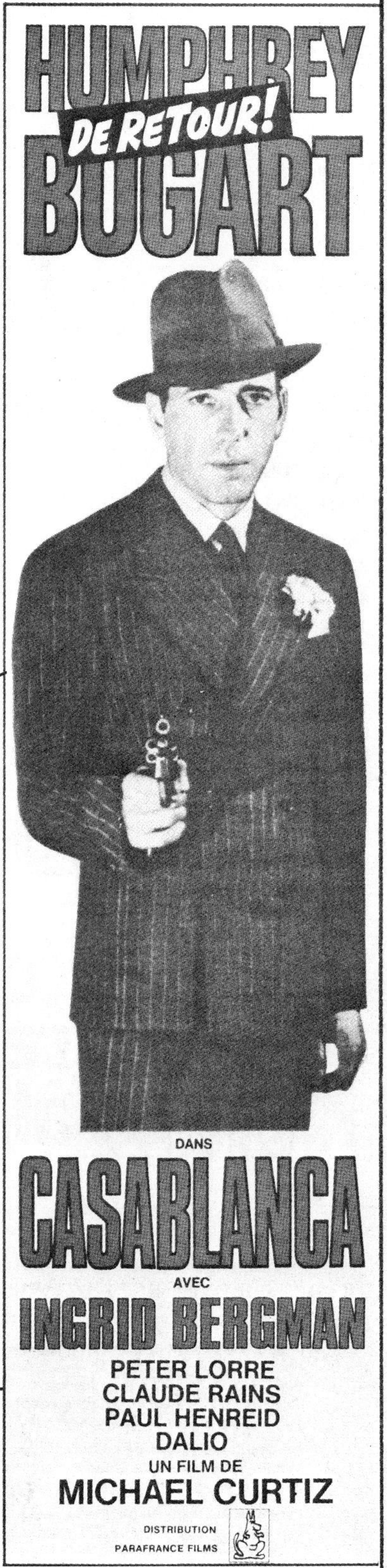

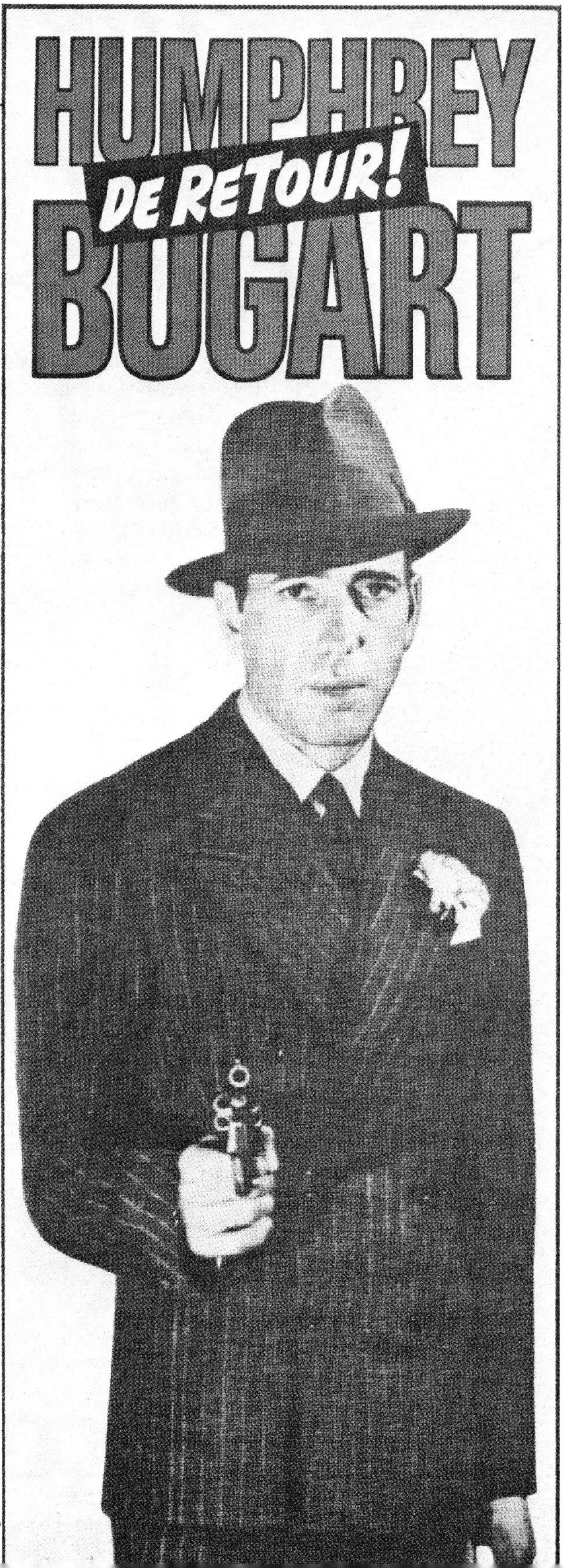

ACTIVITÉ: **Dialogues**

Demandez à un(e) camarade de vous indiquer ses préférences personnelles.

 MODÈLE: le meilleur acteur actuel
Vous: D'après toi, quel est le meilleur acteur actuel?
Votre camarade: Je pense que c'est...

1. la meilleure actrice aujourd'hui
2. le plus grand acteur de tous les temps
3. la plus grande actrice de tous les temps
4. le meilleur metteur en scène actuel
5. le meilleur metteur en scène de tous les temps
6. les trois meilleurs films de l'année
7. les trois plus grands navets de l'année
8. les trois meilleurs films de tous les temps
9. la meilleure comédie musicale de tous les temps
10. le meilleur western de tous les temps
11. le meilleur film policier de tous les temps

ACTIVITÉ: **Sondage**

Maintenant faites un sondage dans la classe. Pour cela, choisissez 4 ou 5 des questions posées ci-dessus et demandez à chaque élève sa réponse. Présentez les résultats sous forme de tableau.

ACTIVITÉ: **Étude**

Faites la critique du dernier film que vous avez vu. Qui étaient les acteurs principaux? Quel était le scénario? Que pensez-vous du jeu des acteurs? de la mise en scène? du scénario? des dialogues? de la photographie? de la musique?

ACTIVITÉ: Un jeu: Êtes-vous un(e) cinéphile?

Voici une liste de films très connus, avec entre parenthèses leur date de sortie. À chaque film, faites correspondre son metteur en scène et l'un(e) de ses acteurs (actrices) principaux (principales).

Films

La ruée vers l'or (1925)
L'ange bleu (1929)
Le faucon maltais (1941)
Les dix commandements (1958)
West Side Story (1961)
Le pont de la Rivière Kwaï (1957)
Psycho (1961)
Le parrain (1972)
À l'est d'Éden (1955)
Certains l'aiment chaud (1955)

Metteurs en scène

Robert Wise	Charlie Chaplin
Alfred Hitchcock	John Huston
Elia Kazan	Joseph von Sternberg
Billy Wilder	Cecil B. DeMille
Francis Ford Coppola	David Lean

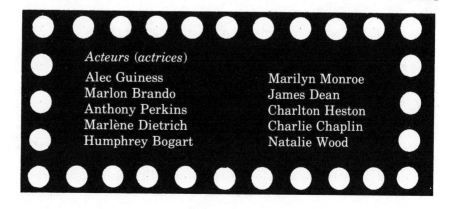

Acteurs (actrices)

Alec Guiness	Marilyn Monroe
Marlon Brando	James Dean
Anthony Perkins	Charlton Heston
Marlène Dietrich	Charlie Chaplin
Humphrey Bogart	Natalie Wood

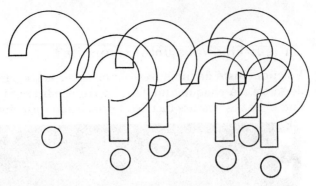

Et les enfants?

Le film américain «Jaws» a fait le tour de monde. En France, il a été présenté sous le nom de «Les dents de la mer» et a connu un immense succès... chez les adultes et chez les enfants. En décidant de ne pas interdire le film aux enfants de plus de 13 ans, les autorités françaises ont en effet été plus tolérantes que les autorités américaines. Tous les parents n'étaient pas d'accord avec cette décision. Voici quelques opinions.

Une mère de famille:

Les enfants sont très susceptibles à la violence et à la vue *du sang*. Or ce film est plein de violence et de sang. Il est scandaleux qu'on ne l'ait pas interdit aux enfants.

blood

Un psychiâtre:

Un enfant de treize ans sait parfaitement faire la différence entre le spectacle et la réalitié. Si on explique à l'enfant que le film ne correspond pas à la vérité, je ne vois pas d'inconvénient à ce qu'il le voit.

Un père de famille:

Bien sûr, le film est violent, mais il a aussi un caractère éducatif. Aujourd'hui on a trop tendance à croire que la nature est toujours bonne, or la nature peut être mauvaise. C'est ce que montre le film. Je ne m'oppose pas à ce que mon fils de treize ans apprenne cela au cinéma.

Une mère de famille:

Aujourd'hui les jeunes sont immunisés contre la violence. Ils la voient partout: à la télévision, dans les journaux, au cinéma. Un film violent de plus ou de moins, cela ne les affectera pas. Et c'est regrettable.

PORTRAIT

L'homme qui a sauvé le cinéma

Henri Langlois est un homme jovial, affable, terriblement obèse et peu élégant. Il porte en permanence un vieux pantalon noir et un pull de la même couleur. C'est l'un des hommes les plus respectés du cinéma. Ce n'est pourtant ni un acteur, ni un scénariste, ni un metteur en scène, ni un producteur. Henri Langlois est un collectionneur de films!

Pendant 30 ans il en a accumulé près de 50.000 qu'il conserve précieusement dans sa «Cinémathèque», véritable musée du cinéma. Voilà pourquoi aujourd'hui Henri Langlois est connu dans le monde entier, et peut-être plus à l'étranger qu'en France. On lui téléphone de New York, de Melbourne, de Tokyo, de Moscou, de partout. «Monsieur Langlois, avez-vous une copie de tel ou tel film?» Henri Langlois a tout, ou presque tout.

Henri Langlois s'est passionné très jeune pour le cinéma. Au lycée, il consacrait plus de temps à son projecteur qu'à ses études. Bientôt cette passion est devenue une mission. En 1930, en effet, un grand nombre de films avaient déjà disparu. Certains avaient été détruits. D'autres avaient été revendus à *des fabricants de vernis* qui les utilisaient comme *matière première*. Il fallait absolument préserver les premières manifestations d'un art qui venait de naître.

varnish manufacturers
substance de base

Henri Langlois s'attache à sa mission avec une patience d'archéologue et de détective. Il suit toutes *les pistes* et sauve des milliers de films de la destruction. Sa première acquisition importante est «Le cabinet du docteur Cagliari», le film classique de l'Allemand Robert Wiene. Son grand ennemi est un autre Allemand: Hitler. Dans sa fureur destructrice, Hitler ordonne de brûler toutes les copies de films qu'il juge décadents, c'est-à-dire anti-nazis. Parmi ceux-ci, il y a le chef d'œuvre de Marlène Dietrich, «L'ange bleu». Henri Langlois sauve «L'ange bleu» et beaucoup d'autres films.

leads

Si nous connaissons aujourd'hui l'histoire de la première époque du cinéma, c'est grâce à Henri Langlois. Il a collectionné tout ce qu'il a trouvé. Il n'a pas choisi, il n'a exercé aucune censure. «La seule censure, dit-il, c'est *l'oubli*.»

le fait d'être oublié

ACTIVITÉ: Débats

Prenez une position pour ou contre.

1. La censure au cinéma est justifiée.
2. Le cinéma joue un rôle politique.
3. Les Oscars récompensent le talent.

ACTIVITÉ: Devinez!

Voici un jeu auquel peut participer toute la classe. Ce jeu consiste à deviner le titre d'un film. Pour cela, chaque élève choisit un film, classique ou contemporain, connu de tout le monde. Il (elle) compose dix phrases qui décrivent ce film, sans mentionner le titre du film. Le (la) premier (première) élève lit ses phrases l'une après l'autre. Quand il (elle) a fini, chaque élève essaie de deviner le titre du film. On compte le nombre de bonnes réponses. Puis c'est au tour d'un(e) autre élève de lire ses phrases.

MODÈLE: C'est un film américain.
L'héroïne est une jeune fille.
Elle a un petit chien.
Elle visite un pays étranger.
Elle rencontre des personnes étranges.
Tout le monde chante dans ce film.
Il y a un chemin pavé de briques.
La jeune fille devient l'amie d'un lion.
L'ennemi est une méchante sorcière.
À la fin du film, l'héroïne se retrouve dans le Kansas.
(SOLUTION: «Le wizard d'Oz»)

ACTIVITÉ: D'accord?

Dites si vous êtes d'accord (absolument, partiellement, pas du tout) avec les opinions suivantes.

1. La violence au cinéma reflète la violence qui existe dans la société contemporaine.
2. La violence au cinéma provoque la violence dans la rue.
3. La violence est une caractéristique fondamentalement humaine.
4. Montrer la violence au cinéma, c'est montrer le monde comme il est.
5. Les enfants d'aujourd'hui ne sont pas aussi influençables que les enfants d'autrefois.
6. Il n'y a pas de rapport entre la criminalité juvénile et la violence au cinéma ou à la télévision.
7. Un enfant de 12 ans est capable de faire la différence entre la réalité et le spectacle.
8. Aujourd'hui il est impossible d'interdire à un enfant de voir ce qu'il veut.
9. C'est aux parents et non pas à la société de décider quels films les enfants peuvent aller voir.
10. Le système de classement des films (G, PG, R, X) est efficace et protège la jeunesse.
11. La violence au cinéma est une violence imaginée. Elle ne correspond pas à la réalité.
12. Exposer un enfant à la violence, c'est le vacciner contre la violence.

La réalité invisible : religion et superstition

DOCUMENT

VOCABULAIRE: La religion

Les convictions religieuses
    croire [*to believe*]
        Si on est **croyant**, on **croit en Dieu.**
        Si on est **incroyant**, on ne croit pas en Dieu.
    la foi [*faith*]
        Le croyant (la croyante) a la foi.
        L'athée n'a pas la foi.
    une croyance [*belief*]
        Il faut respecter les croyances des autres.

Les religions
    le christianisme: Le **chrétien (la chrétienne)** croit dans le message du Christ.
        le catholicisme: Les **catholiques** vont à **l'église** où **le prêtre** dit la **messe.**
        le protestantisme: Les **protestants** vont au **temple** où **le pasteur** dirige le service du dimanche.
        le judaïsme: Les **juifs (juives)** vont à la **synagogue** où **le rabbin** lit la Torah.
        l'Islam: Les **musulman(e)s** vont à la **mosquée.**
        d'autres religions: **le bouddhisme, l'hindouisme, la foi baha'i**

La pratique de la religion
    Une façon de **pratiquer sa religion** est de **prier** [*to pray*] ou de **faire des prières.**
    On peut être **pratiquant** ou **indifférent, fanatique** ou **tolérant.**
    Les fidèles vont régulièrement à l'église.
        Ils **célèbrent les fêtes religieuses:** Noël, Pâques [*Easter*], la **Pentecôte.**
        Ils lisent la Bible: l'Ancien Testament, le Nouveau Testament, l'Évangile.

 L'homme propose, Dieu dispose.
Il vaut mieux à faire à Dieu qu'à ses saints.

FLASH /\
Dieu et les Français

Dieu est-il mort? Dans le monde actuel, de plus en plus marqué par le matérialisme et l'indifférence, cette question n'est ni absurde ni inutile. Elle a été posée à un millier de personnes représentant la population française. Voici les principales réponses:

84% des Français se déclarent catholiques
96% des Français sont baptisés
75% croient que Dieu existe
36% seulement croient que Jésus-Christ est Dieu
32% croient que le Christ est aujourd'hui réellement vivant
72% prient
21% vont à la messe régulièrement
75% pensent que l'Église catholique a encore un rôle à jouer aujourd'hui
89% se marient à l'église (mais sur ce nombre, 64% le font par conviction religieuse;
    les autres le font essentiellement pour faire plaisir à leur famille ou belle-famille)

ACTIVITÉ: Questions de fait

1. Quelle est la religion prédominante en France?
2. Quelle est la religion prédominante en Angleterre? en Italie? en Espagne? dans les pays d'Amérique du Sud?
3. Quelle est la religion prédominante en Israël? en Égypte? en Inde? dans les pays arabes?
4. Quelles sont les principales religions pratiquées aux États-Unis? dans votre état? dans votre ville?
5. Quelles sont les fêtes religieuses célébrées aux États-Unis?

ACTIVITÉ: Tolérance

Dites si on doit ou si on ne doit pas être tolérant envers les choses ou les personnes suivantes.

1. ses amis
2. ses professeurs
3. ses parents
4. d'autres religions
5. l'injustice
6. la drogue
7. les hippies
8. les alcooliques
9. les criminels
10. les fanatiques
11. les personnes intolérantes
12. les étrangers

ACTIVITÉ: Questions personnelles

1. Pratiquez-vous une religion? Laquelle?
2. Priez-vous? à quelles occasions?
3. Pensez-vous que la religion ait un rôle à jouer dans la vie des individus? dans la vie d'une nation?
4. Pensez-vous que les Américains soient des gens très pratiquants? peu pratiquants? indifférents?
5. Avez-vous déjà visité une église catholique? un temple (protestant)? une synagogue? une mosquée?
6. En matière de religion, êtes-vous plutôt tolérant(e) ou intolérant(e)? En général, êtes-vous plutôt tolérant(e) ou intolérant(e)?
7. Pensez-vous que la société américaine soit une société tolérante?

ACTIVITÉ: Religion

Une religion peut être spirituelle. Elle peut être aussi morale ou matérielle. Dites si chacune des choses suivantes (*a*) constitue une religion dans la société moderne, (*b*) doit constituer une religion ou (*c*) ne doit pas constituer une religion.

1. l'argent
2. le succès
3. le confort matériel
4. l'effort
5. l'aventure
6. la paix dans le monde
7. la destruction des inégalités
8. le progrès
9. la justice sociale
10. l'honnêteté
11. l'amitié
12. la solidarité entre les peuples

FLASH

Leurs saints patrons

Au Moyen Âge, où la foi était très vivante, chaque profession ou *corporation* se mettait sous la protection d'un saint du calendrier catholique. *guild* La fête de ce saint était célébrée avec ferveur par tous les membres de la corporation. Ces célébrations ont aujourd'hui disparu, mais chaque profession a gardé son saint patron. En voici quelques-uns:

architectes	Saint Thomas
avocats	Saint Yves
banquiers	Saint Matthieu
bouchers	Saint Nicolas
coiffeurs	Saint Louis
comédiens	Saint Genès
cuisiniers	Sainte Marthe
dentistes	Sainte Apolline
étudiants	Sainte Claire
journalistes	Saint François
maçons	Saint Thomas
marins	Sainte Anne
médecins	Saint Côme et Saint Damien
musiciens	Sainte Cécile
sculpteurs	Saint Luc
voyageurs	Saint Christophe

VOCABULAIRE: L'avenir

Quel sera l'avenir?
    L'avenir peut **apporter le bonheur** [*happiness*] ou **le malheur**.
    On peut **avoir de la chance** [*be lucky*] ou **de la malchance**.
    On peut **faire des projets** [*make plans*].
    On peut porter **une amulette** ou **un porte-bonheur** [*good-luck charm*].
    Le destin, la fortune et **le hasard** [*chance*] peuvent changer ces projets.

Quelle est votre attitude envers l'avenir?
    Êtes-vous **superstitieux (superstitieuse)**?
        Avez-vous **des superstitions**?
    Êtes-vous **extra-sensoriel(le)**?
        Croyez-vous à **la perception extra-sensorielle**?
    Êtes-vous **crédule**?
        Croyez-vous aux **esprits**, aux **fantômes**?
    Consultez-vous **une voyante** [*medium*]?
        Peut-elle **prédire** l'avenir? Fait-elle des **prédictions**?
        On peut **prévoir** un malheur.
    Pouvez-vous **deviner** l'avenir?

ACTIVITÉ: Questions personnelles

1. Portez-vous une médaille? une amulette? un porte-bonheur? Que représente cet objet? Qui vous l'a donné? Pourquoi le portez-vous?
2. Croyez-vous aux esprits? aux fantômes?
3. Consultez-vous votre horoscope dans le journal? Est-ce que cette lecture influence vos activités de la journée?
4. Avez-vous vos petites superstitions? quand vous passez un examen? quand vous allez à un rendez-vous important? quand vous voulez réussir dans quelque chose de difficile? quand vous voulez que l'équipe de votre école gagne un match important? Expliquez.
5. Selon vous, est-ce que les Américains sont superstitieux? Expliquez.
6. Selon vous, est-ce que les femmes sont plus superstitieuses que les hommes? Expliquez.

Les Français sont-ils superstitieux?

Sans être profondément superstitieux, les Français ont leurs petites superstitions:

- Un Français sur deux croit à l'astrologie.

- Les journaux et les magazines les plus populaires ont un horoscope. Un grand nombre de lecteurs (et de lectrices) achètent le journal uniquement pour l'horoscope du jour.

- Les vendredis 13, la Loterie Nationale a *un tirage* spécial. (Pour les Français, vendredi 13 porte chance.)   *drawing*

- Il y a 20.000 *devins, voyantes, tireuses de cartes et autres* à Paris. Madame Soleil, la voyante la plus connue, est une célébrité nationale. On consulte une voyante pour connaître les secrets de l'avenir, mais aussi pour trouver le bonheur, réussir en amour, en affaires, etc.   *fortune-tellers*

- Chaque soir, la télévision présente la chronique astrale du lendemain aux téléspectateurs.

- Pour se protéger contre la malchance, un grand nombre de Français portent des médailles. Certaines de ces médailles sont des médailles religieuses.

- Napoléon avait un astrologue.

Voir, c'est croire.
Gouverner, c'est prévoir.
Le hasard fait bien les choses.
On n'échappe pas à son destin.
La fortune est aveugle.

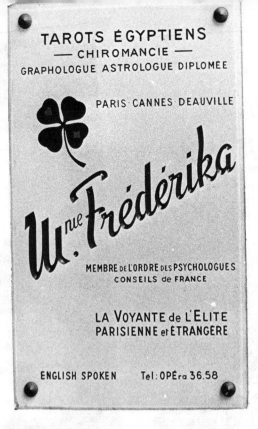

TAROTS ÉGYPTIENS
— CHIROMANCIE —
GRAPHOLOGUE ASTROLOGUE DIPLOMÉE

PARIS·CANNES·DEAUVILLE

Mme Frédérika

MEMBRE DE L'ORDRE DES PSYCHOLOGUES
CONSEILS de FRANCE

LA VOYANTE de L'ÉLITE
PARISIENNE et ÉTRANGÈRE

ENGLISH SPOKEN   Tel: OPÉra 36.58

ACTIVITÉ: La préparation de l'avenir

Prépare-t-on son avenir en faisant les choses suivantes? Donnez votre opinion d'après le modèle.

MODÈLE: consulter l'horoscope
Oui, on prépare son avenir en consultant l'horoscope.
ou: *Non, on ne prépare pas son avenir en consultant l'horoscope.*

1. consulter une voyante
2. porter une amulette
3. acheter un billet de loterie
4. travailler
5. étudier

6. faire des projets
7. apprendre un métier
8. lire l'histoire des personnes célèbres

Maintenant, demandez à un(e) camarade s'il (si elle) fait les choses ci-dessus.

MODÈLE: consulter l'horoscope
Vous: Consultes-tu souvent ton horoscope?
Votre camarade: Oui, je consulte mon horoscope tous les jours.
ou: *Non, je ne consulte jamais mon horoscope.*

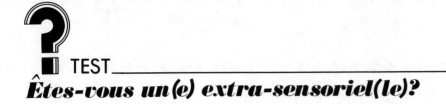

Êtes-vous un(e) extra-sensoriel(le)?

Voici certaines situations. Est-ce que vous avez déjà connu ces situations? Répondez par a, b ou c, puis analysez vos réponses.

Interprétation

A. Analysez vos réponses aux huit premières questions.

Avez-vous répondu au moins trois fois en choisissant la colonne *a*? Vous avez une connaissance extraordinaire de l'avenir! Mais avez-vous vraiment dit la vérité?

Avez-vous répondu au moins trois fois en choisissant la colonne *b*? Oui, vous êtes un(e) extra-sensoriel(le).

Avez-vous répondu au moins sept fois en choisissant la colonne *c*? Non seulement vous n'avez aucune perception extra-sensorielle, vous n'avez pas beaucoup d'intuition.

B. Maintenant, analysez vos réponses aux deux dernières questions.

Si vous avez répondu au moins une fois en choisissant la colonne *a* ou *b*, vous n'êtes pas spécialement un(e) extra-sensoriel(le). Ce que vous avez, c'est de la chance!

ACTIVITÉ: Débats

Prenez une position pour on contre.

1. La perception extra-sensorielle est un fait réel.
2. Il y a des objets qui portent bonheur.
3. Le destin de chacun est écrit dans les astres.

	a: Oui, ça m'arrive souvent	b: Oui, ça m'arrive parfois	c: Non, ça ne m'arrive jamais
1. Vous discutez avec des amis. Quelqu'un exprime une idée. Vous dites: «Tiens, c'est exactement l'idée à laquelle je pensais!»	☐	☐	☐
2. Vous vous sentez un peu malade. Quelques jours après, vous apprenez qu'à ce moment-là un de vos amis était gravement malade.	☐	☐	☐
3. Vous marchez dans la rue. Vous avez l'impression que quelqu'un vous regarde. Vous vous retournez et vous voyez un ami.	☐	☐	☐
4. Vous pensez à une personne juste quelques instants avant que celle-ci ne vous téléphone.	☐	☐	☐
5. Un ami vous écrit. Vous lui écrivez avant même d'avoir reçu sa lettre.	☐	☐	☐
6. Vous rêvez d'un événement qui a lieu deux ou trois jours après votre rêve.	☐	☐	☐
7. Vous prévoyez un accident avant qu'il n'arrive.	☐	☐	☐
8. Vous avez l'impression d'une présence dans une pièce où il n'y a apparemment personne.	☐	☐	☐
9. Vous avez le sentiment que vous allez gagner quelque chose à la loterie. Vous achetez un billet et effectivement vous gagnez.	☐	☐	☐
10. Vous étudiez une question pour un examen. C'est cette question qui tombe à l'examen.	☐	☐	☐

Pitié pour la nature!

DOCUMENT
Qui est l'ennemi?

Est-ce...

la radioactivité?

le gaspillage?

la surpopulation?

les usines?

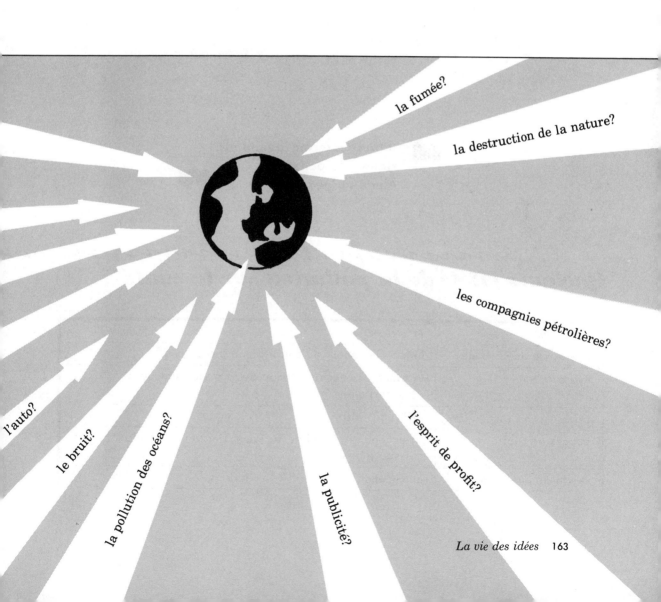

la fumée?

la destruction de la nature?

les compagnies pétrolières?

l'esprit de profit?

l'auto?

le bruit?

la pollution des océans?

la publicité?

VOCABULAIRE: L'environnement

Quelles sont **les causes de la pollution?**
    l'essence, les gaz d'échappement [*exhaust fumes*]
    les produits nocifs [*harmful*]
    les déchets [*wastes*] **chimiques, les détergents,** le DDT
    les déchets nucléaires
    la fumée [*smoke*]
    le bruit [*noise*]

Quelles en sont **les conséquences?**
    sur les individus...
        les intoxications
        les irritations
    sur la nature...
        Le paysage est **défiguré.**
        Les plages sont envahies par **la marée noire** [*oil slicks*, litt. *black tide*].

Il faut préserver la nature!
Halte à la pollution!
Alerte au pétrole!

FLASH
Quelques effets de la pollution sur la santé

Polluants	Effets
monoxyde de carbone	empoisonnement du sang [*blood*]; asphyxie
hydrocarbones	irritation des yeux; irritation de la peau; difficultés respiratoires
particules en suspension	difficultés respiratoires; effets toxiques
oxydes de soufre	affections respiratoires; irritation des yeux et de la peau [*skin*]
oxyde de plomb [*lead*]	intoxication

Ce n'est pas vous qui êtes fatigué, c'est l'air qui est malade

Cette fatigue qui nous accable.

Vous êtes fatigué. Nous sommes fatigués.
Nous dénonçons le travail, le bruit, l'agitation, la ville.
Tous ces coupables, nous les accablons lourdement. Nous en faisons la cause de nos perpétuels états de fatigue, nervosité, lassitude.

La fatigue n'existe pas.

Or, la plupart des fatigues n'existent pas.
Seule existe la fatigue physique. Celle qui suit l'intense travail musculaire des sportifs ou des travailleurs de force par exemple.
Notre fatigue à nous, la fatigue moderne, est d'une autre nature.
Trop souvent le seul coupable, c'est l'air.

C'est l'air qui est malade.

Oui, c'est l'air qui est malade. L'air que nous respirons chaque jour, pollué par les fumées, les gaz, les suies, les poussières qui détruisent son précieux équilibre électrique : celui des ions négatifs et positifs. Dans l'air des villes, les ions négatifs indispensables se font de plus en plus rares.
De ce déséquilibre naissent bien des fatigues et troubles du bien-être quotidien.

Rétablir l'équilibre de l'air.

Pour mieux vivre, il faut donc rétablir une ionisation négative normale. Équilibrée. Les recherches menées dans le monde entier ont prouvé son importance et ont conduit à la création de générateurs d'ions négatifs mettant en œuvre les mêmes processus que ceux de la Nature.

A qui convient un ioniseur Medis ?

Générateurs d'ions négatifs, les ioniseurs Medis recréent des microclimats au sein desquels chacun peut retrouver son équilibre naturel.
Les ioniseurs d'atmosphère Medis peuvent être bénéfiques pour tous. On peut les utiliser quand on le veut ou régulièrement : au bureau, chez soi, en voiture.
Dans la plupart des cas leurs effets se font sentir rapidement. Ils rétablissent le bon équilibre de l'air dont dépendent largement nos fatigues et autres perturbations du comportement.
Ils vous aident à retrouver votre forme. Naturellement. Sans excitant.

*Une découverte récente de la science :
la qualité de l'air que nous respirons
influe sur notre équilibre de tous les jours.*

Les huit péchés contre la nature

Pitié pour la nature qui nous environne, mais aussi pitié pour notre nature interne! Oui, pitié pour la nature humaine! Celle-ci est menacée. Konrad Lorenz, prix Nobel de physiologie et de médecine, a donné l'alerte. Il a défini les huit *péchés* que nous avons commis contre nous-mêmes. *sins*

1. Surpopulation et urbanisation

Les resources de la terre sont limitées. Notre planète ne peut pas supporter un *accroissement* indéfini du nombre de ses habitants. L'urbanisation, c'est *l'entassement* incontrôlé des masses dans les grandes villes. Cet entassement est déshumanisant. *increase* *accumulation*

2. Destruction de l'environnement

Le «progrès» du vingtième siècle a créé de nouvelles formes de nuisances: le bruit, la pollution de l'air, la pollution des océans.

3. L'esprit de compétition

Nous avons l'obsession de *la réussite*. Obsession du succès matériel ou du succès intellectuel, les effets sont les mêmes: tension nerveuse, angoisse, psychose, incapacité à *faire face à* la solitude.

succès

accepter

4. Dégradation psychologique

La multiplication des biens de consommation a créé chez l'homme un appétit vorace pour le confort, *la jouissance*, la réalisation immédiate de tous ses désirs. La facilité de l'existence matérielle nous a fait perdre le sens de l'effort.

plaisir

5. Dégradation physiologique

Peut-être vivons-nous plus longtemps que nos grands-parents. En réalité, le confort, l'absence d'effort physique, l'accoutumance aux médicaments nous affaiblissent et augmentent notre vulnérabilité aux maladies.

6. Rupture de la tradition

Dans la société mobile où nous vivons, nous avons perdu nos traditions, nos *racines,* nos contacts avec notre passé immédiat. Aujourd'hui, rien ou presque rien n'attache plus l'individu à son milieu humain naturel.

Un autre trait de notre société est l'abdication de la famille et de l'école devant leurs responsabilités éducatrices. L'éducation «antiautoritaire» voulait éviter de prétendues «frustrations» chez les jeunes. En réalité, elle a créé des milliers de *névrosés*.

malades mentaux

7. Endoctrinement des masses

La société contemporaine vit sous un barrage continu de propagande et de publicité. Le résultat est de conditionner l'individu, de le rendre conforme à un modèle unique, et, par conséquent, de le dépersonnaliser plus ou moins totalement.

8. Développement de l'arme atomique

Aujourd'hui chacun sait que la planète peut disparaître en quelques secondes. Pour l'humanité, la menace atomique a créé un climat permanent de terreur collective.

ACTIVITÉ: Sujets de réflexion

1. Analysez les huit péchés contre la nature définis par Konrad Lorenz. Pour chacun de ces péchés, dites si vous êtes d'accord avec lui ou non.
2. Faites un sondage dans votre classe. Chaque étudiant(e) classera les huit péchés contre la nature par ordre d'importance. Présentez les résultats sous forme de tableau.
3. D'après vous, quel péché constituera le danger le plus important de l'an 2000?
4. Konrad Lorenz considère les péchés qu'il décrit comme des péchés modernes. Dites si chacun de ces péchés existait en 1900. Expliquez votre réponse.
5. Choisissez le péché contre la nature qui vous semble le plus important à l'heure actuelle. Dites pourquoi ce péché vous semble particulièrement dangereux. Si possible, illustrez votre exposé par des exemples personnels.

ACTIVITÉ: Préservation

Dites s'il faut préserver (ou protéger) les choses suivantes. Annoncez votre opinion en commençant vos phrases par l'une des expressions suivantes:

Il faut absolument préserver (protéger)...

Il serait bon de préserver (protéger)...

Il n'est pas indispensable de préserver (protéger)...

Il est totalement inutile de préserver (protéger)...

1. la nature
2. les forêts
3. la végétation
4. les plages
5. les rivières
6. les océans
7. les ressources naturelles
8. les animaux sauvages
9. les animaux sauvages et dangereux
10. les monuments historiques
11. les villes
12. les maisons anciennes
13. la famille
14. les traditions familiales
15. les coutumes locales
16. la discipline familiale
17. le système anti-autoritaire
18. le système capitaliste
19. le confort matériel
20. l'appétit des consommateurs
21. la stimulation de l'argent
22. l'obsession de la réussite
23. l'esprit de compétition
24. la publicité dans les journaux
25. la publicité à la télévision
26. les armes atomiques

ACTIVITÉ: Pollution?

Il y a des pollutions physiques et des pollutions intellectuelles, des pollutions individuelles et des pollutions collectives. Selon vous, est-ce que chacun des éléments suivants constitue une forme de pollution dans la sociéte contemporaine?

 MODÈLE: le bruit

Vous: Est-ce que le bruit est une forme de pollution?
Votre camarade: Oui, c'est une forme de pollution.

ou: *Non, ce n'est pas une forme de pollution.*

1. le tabac
2. le vin
3. l'alcool
4. la drogue
5. l'abus des médicaments
6. l'usage excessif de la voiture
7. les expériences nucléaires
8. la circulation en ville
9. l'industrialisation
10. l'oxyde carbonique
11. le développement de l'énergie nucléaire
12. la recherche pétrolière
13. la misère
14. la maladie
15. l'argent
16. le DDT
17. l'usage des pesticides
18. la défiguration de la campagne
19. la publicité à la télé
20. la publicité sur les routes
21. la propagande politique
22. la musique pop
23. l'art moderne
24. la violence au cinéma
25. la violence à la télé
26. les «mass-media»
27. la surpopulation
28. l'urbanisation
29. l'esprit de compétition
30. l'obsession de la réussite
31. la corruption

ACTIVITÉ: Le danger

Certains dangers menacent davantage certaines personnes ou certaines catégories de personnes. Dites qui est l'ennemi le plus dangereux pour les personnes suivantes. (Pour cela, vous pouvez utiliser les expressions de l'exercice précédent.)

 MODÈLE: pour les personnes âgées
C'est l'abus des médicaments.

1. pour les étudiants
2. pour les élèves de high school
3. pour les hommes
4. pour les femmes
5. pour les adultes
6. pour les pauvres
7. pour les riches
8. pour les hommes politiques
9. pour les personnes qui habitent en ville
10. pour les Français
11. pour les personnes qui habitent à la campagne
12. pour les Chinois

Un candidat écologiste à la présidence

René Dumont est professeur à l'Institut d'Études Économiques. C'est l'un des grands experts mondiaux des questions écologistes. Son but: sauver la nature, mais aussi sauver l'homme! Dumont croit en ce qu'il *prêche*. C'est pour cela qu'il a été candidat aux dernières élections présidentielles. Voici son programme:

preaches

ACTIVITÉ: **Études**

1. Dites si vous êtes d'accord avec chacun des points du programme de René Dumont.
2. Faites un sondage dans votre classe. Demandez à vos amis s'ils sont d'accord ou pas d'accord avec chacun des points du programme de René Dumont. Pour chacun de ces points, calculez le pourcentage de oui, de non et d'abstentions.

Pour une autre civilisation

RENÉ DUMONT

CANDIDAT DU MOUVEMENT ECOLOGIQUE

CONTRE

- Le gaspillage des ressources naturelles.
- L'exploitation du tiers-monde et des travailleurs.
- La concentration du pouvoir aux mains des technocrates.
- Le cancer de l'automobile.
- La course aux armements.
- La démographie galopante.
- La surconsommation des pays riches aux dépens des pays exploités.
- La folie nucléaire : bombes et centrales.

POUR

- Une limitation de la croissance économique aveugle.
- Une société décentralisée et autogérée.
- La liberté de la contraception et de l'avortement.
- La limitation des naissances.
- Une redistribution égalitaire des richesses.
- Une diminution radicale du temps de travail évitant le chômage.
- La protection de la nature et de la campagne.
- Les transports en commun.
- Un urbanisme à l'échelle de l'homme.
- Le respect des libertés des minorités culturelles.
- Des techniques décentralisées, non polluantes et fondées sur des ressources renouvelables.

QUELLE TERRE LAISSERONS-NOUS A NOS ENFANTS ?

VOCABULAIRE: Les ressources naturelles

Les sources d'énergie
le gaz, le gaz naturel
le pétrole
l'électricité
l'énergie nucléaire
l'énergie solaire

Les activités
la production: produire de l'énergie; un producteur (une productrice)
le développement: développer les ressources
la consommation: consommer de l'énergie; **un consommateur (une consommatrice)**
l'utilisation, l'usage: utiliser les ressources; **un utilisateur (une utilisatrice)**
le gaspillage [*waste*]: **gaspiller** les ressources naturelles
la conservation: conserver l'énergie
la préservation: préserver les resources
une économie: faire des économies, économiser l'énergie
la protection: protéger les ressources naturelles; **un protecteur (une protectrice)**
la réduction: réduire la consommation
l'interdiction: interdire [*forbid*] la construction de centrales nucléaires
la suppression: supprimer l'air conditionné

ACTIVITÉ: Solutions

Voici certaines solutions au problème de l'énergie. Dites si c'est une solution...

    très valable
    assez valable
    possible mais difficile
    dangereuse
    absurde

1. Il faut produire des voitures plus petites.
2. Il faut interdire la voiture dans la ville.
3. Il faut interdire la voiture le week-end.
4. Il faut interdire la voiture pendant la semaine.
5. Il faut encourager les transports en commun.
6. Il faut développer l'énergie nucléaire.
7. Il faut développer l'énergie solaire.

8. Il faut supprimer la télé.
9. Il faut supprimer les réfrigérateurs.
10. Il faut supprimer l'air conditionné.
11. Il faut réduire les heures de travail.
12. Il faut supprimer l'école en hiver.
13. Il faut fermer les usines.
14. Il faut interdire l'usage de l'électricité le jour.
15. Il faut interdire l'usage de l'électricité la nuit.
16. Il faut coloniser les pays qui produisent du pétrole.

le nouvel observateur/écologie

le Sauvage

LE NOUVEL OBSERVATEUR
présente son supplément
mensuel écologie :
LE SAUVAGE

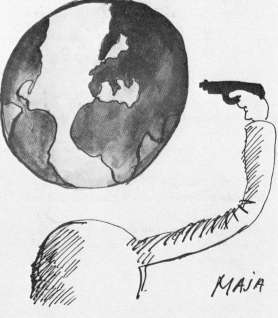

L'écologie, c'est cela.
Inventer un nouveau rapport entre l'homme
et son environnement.
Il ne s'agit pas de revenir en arrière,
mais de partir en avant,
avec l'aide d'une science
qui ne soit plus qu'au service de la vie.

MAJA

**L'énergie, pensez-y.
Maintenant.**

Énergie nucléaire

Pour connaître l'opinion des Français sur le problème de l'énergie nucléaire, le magazine français l'*Express* a interrogé ses lecteurs.   Voici comment ceux-ci ont répondu.

	Oui	Non	Sans opinion
1. Considérez-vous que le programme nucléaire doit être une priorité nationale?	35%	63%	2%
2. Estimez-vous que les programmes d'équipement nucléaires actuels offrent des garanties sérieuses de protection contre les dangers de la radioactivité?	25%	73%	2%
3. Pensez-vous que la crise de l'énergie justifie les risques de modifications de l'environnement?	27%	73%	0%
4. Accepterez-vous une diminution de votre niveau de vie [*standard of living*] pour éviter les risques de l'énergie nucléaire?	67%	19%	14%
5. Doit-on faire un large effort de recherches pour développer l'énergie solaire?	89%	9%	2%

ACTIVITÉ: **Études**

1. Faites un sondage similaire au sondage de l'*Express*. Présentez vos résultats.
2. Voici deux proverbes français. «On ne peut pas arrêter le progrès.»; «Qui ne risque rien n'a rien.» Choisissez l'un de ces proverbes et illustrez-le par une réflexion personnelle.

Le progrès— un bien ou un mal?

DOCUMENT_____

Le progrès et la vie

Il est loin le temps où nos grands-mères lavaient les chemises de nos grands-pères à la main. Il est loin le temps de la lampe à pétrole et la voiture à cheval. S'il n'a pas amené nécessairement le bonheur, le progrès des cent dernières années a certainement augmenté notre confort. Il a rendu plus facile notre existence.

Voici quelques exemples de ce progrès.

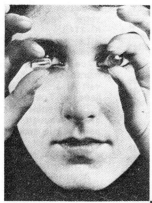

Verres de contact
Nés en 1939
Inventeur : firme *Zeiss*
Nationalité : *allemande*

Microsillon
Né en 1948
Inventeur : *Columbia*
Nationalité : *américaine*

**Radio-récepteur
à transistors
Né en 1954**
Inventeur : *Regency
Radio
Indianapolis*
Nationalité : *américaine*

**Anesthésie générale
Née en 1841**
Inventeur : *Dr Crawford
Williamson Long*
Nationalité : *américaine*

Une des premières radios

**Lave-vaisselle
Né en 1912
aux Etats-Unis**
Un modèle semi-automatique
a été présenté en France au
1ᵉʳ Salon des arts ménagers,
en 1923, mais ce n'est qu'en
1940 qu'apparaît aux Etats-
Unis le premier lave-vaisselle automatique.

**Vélomoteur
Né en 1901**
Inventeur : *George Hendee*
Nationalité : *américaine*

**Polaroïd
Né en 1948**
Inventeur :
Dr Edwin Land
Nationalité : *américaine*

VOCABULAIRE: Le progrès scientifique

Les gens
Un savant se spécialise dans **les sciences physiques** ou **les sciences naturelles.**
Un technicien (une technicienne) travaille dans **un laboratoire.**
Un chercheur [*research scientist*] cherche des solutions aux problèmes scientifiques.

Le travail
la recherche scientifique
On peut... **faire des recherches,** participer à **la lutte contre le cancer.**
une invention
On peut... **inventer** un instrument, une machine, un appareil.
une découverte
On peut... **faire une découverte, découvrir** un produit nouveau, un vaccin, un médicament.
l'informatique [*data processing*]
On peut... travailler sur un **ordinateur** [*computer*], écrire des programmes.

Le progrès
On **fait des progrès** dans le domaine de la médecine, de l'informatique.
On peut **améliorer** [*improve*] la condition humaine.

ACTIVITÉ: Opinions personnelles

1. Êtes-vous doué(e) pour les sciences?
2. Suivez-vous des cours de sciences? quels cours?
3. Avez-vous l'intention d'avoir une carrière scientifique? Laquelle?
4. Selon vous, quelle a été l'invention la plus utile? la plus dangereuse? la plus géniale?
5. Selon vous, qui est le plus grand savant aujourd'hui? le plus grand savant de tous les temps?
6. Pourriez-vous vivre dans un monde sans voiture? Comment?
7. Pourriez-vous vivre dans un monde sans électricité? Comment?
8. Selon vous, est-ce que le progrès est désirable? Pourquoi?

ACTIVITÉ: Grandes inventions et découvertes

Chaque invention ou chaque découverte affecte un domaine particulier. Certaines peuvent avoir un effet dans plusieurs domaines différents. Analysez les inventions et découvertes suivantes et déterminez l'importance qu'elles ont eue dans leur(s) domaine(s) d'application particulier(s).

Les domaines
le domaine médical
le domaine des communications
le domaine des loisirs
le domaine des relations
    internationales
le domaine du confort
le domaine des transports
le domaine de l'écologie

Les effets
un effet positif considérable
un effet positif assez
    important
un effet nul
un effet négatif

 MODÈLE: la découverte de la pénicilline
La découverte de la pénicilline a eu un effet positif considérable dans le domaine médical.

1. l'invention du téléphone
2. l'invention de la télévision
3. l'invention de l'auto
4. l'invention de l'avion
5. la découverte du radium
6. l'invention de la bombe atomique
7. la découverte de la quinine
8. l'invention du transistor
9. l'invention du magnétophone
10. la découverte de la vaccination
11. l'invention de la photographie
12. la découverte de la radioactivité
13. la découverte des vitamines de synthèse
14. l'invention de la dynamite
15. la découverte de l'électricité
16. l'invention du DDT
17. l'invention de l'aspirine
18. l'invention du microscope
19. l'invention du disque
20. l'invention du cinéma
21. l'invention de l'imprimerie [*printing press*]
22. l'invention de la machine à laver
23. l'invention du nylon
24. l'invention du piano
25. l'invention de la radio
26. l'invention de la poudre à canon
27. l'invention de l'ordinateur

 Science sans conscience n'est que ruine de l'âme.

TEST

Êtes-vous à la page?

Autrefois, il y avait loin entre la recherche théorique et la réalisation technique. L'invention de l'algèbre et du calcul infinitésimal, la découverte de l'électricité n'ont pas eu d'applications immédiates.

Aujourd'hui, au contraire, les découvertes scientifiques se succèdent rapidement et sont très vite mises en pratique. Le progrès est *ancré* dans l'existence de chacun de nous.

Êtes-vous *à la page?* Voici un test simple qui vous permettra de répondre à cette question. Choisissez l'option *a, b* ou *c* qui complète logiquement chacune des phrases suivantes.

anchored

bien informé(e)

1. Le nylon est un produit dérivé du...

    a. coton
    b. pétrole
    c. gaz naturel

2. Les calculateurs de poche contiennent tous...

    a. une pile [*battery*]
    b. un circuit intégré
    c. un métal rare

3. Une montre digitale contient...

    a. un cristal liquide
    b. une mémoire
    c. un morceau de quartz

4. Quand on veut communiquer des instructions à un ordinateur, on utilise...

    a. un programme
    b. un calculateur
    c. un microphone

5. Aujourd'hui les trains les plus rapides peuvent atteindre la vitesse maximum de...

    a. 150 kilomètres / heure
    b. 250 kilomètres / heure
    c. 600 kilomètres / heure

6. Les satellites artificiels sont utilisés commercialement...

    a. pour le transport d'objets précieux

    b. pour le transport d'appareils [*equipment*] scientifiques

    c. dans les communications téléphoniques internationales

7. Le terme *MACH* désigne...

    a. la vitesse de la lumière dans l'atmosphère

    b. la vitesse de la lumière dans l'eau

    c. la vitesse du son

8. Un laser est...

    a. un appareil qui détecte les avions

    b. un ordinateur très puissant

    c. une projection de rayons lumineux très concentrés

9. Un électrocardiographe est un appareil qui permet d'évaluer le fonctionnement...

    a. de l'estomac

    b. du cœur

    c. de l'encéphale [*brain*]

10. À un malade du cœur, un médecin prescrira un stimulant contenant...

    a. de l'aspirine

    b. de l'adrénaline

    c. de la cortisone

Interprétation

Voici les réponses exactes: 1b, 2b, 3c, 4a, 5b, 6c, 7c, 8c, 9b, 10b. Marquez un point pour chaque réponse exacte.

- Si vous avez plus de 8 points, vous êtes bien informé(e) de l'actualité. Avez-vous pensé à faire une carrière scientifique?

- Si vous avez de 4 à 8 points, vous êtes au courant du progrès technique, mais la science ne semble pas être une de vos préoccupations importantes.

- Si vous avez moins de 4 points, vos connaissances scientifiques ne sont pas très *étendues*.   vastes   Savez-vous que l'homme a conquis la lune, sur laquelle vous semblez vivre?

Le progrès: Oui? non? peut-être?

Oui... à la machine qui sauve la vie

31 décembre 1975. Une ambulance amène un malade à l'Hôpital de la Pitié à Paris. Le malade est en pleine confusion mentale. Il ne réagit plus. Pourtant son état n'a pas de cause apparente. On a, en effet, procédé avec toutes les méthodes classiques à l'exploration de son *cerveau,* mais sans résultat.

brain

Le malade va-t-il mourir? On le pense. Un médecin propose d'essayer une machine expérimentale. Quinze minutes plus tard le diagnostic est fait. La machine a révélé la présence d'un hématome que les méthodes traditionnelles n'avaient pas *décélé.* Les chirurgiens opèrent. Le patient est sauvé!

indiqué

Miracle? Non! La nouvelle machine est le fruit de huit années de longs et patients efforts. Elle se nomme Densitone. C'est un «scanner» à rayons X. L'innovation consiste à utiliser un ordinateur pour décoder les signaux émis par le cerveau. Les experts pensent que le Densitone va révolutionner la radiologie traditionnelle. C'est, pensent-ils, une invention aussi importante que la découverte des rayons X en 1895. Une invention qui peut-être sauvera des milliers et des milliers de malades.

Non... à la machine qui tue

6 août 1945. Une nouvelle journée commence pour les habitants d'Hiroshima. Soudain, à 8 h 15, *une lueur fulgurante* illumine la ville. Dans l'explosion qui suit, 100.000 hommes, femmes et enfants disparaissent. En l'espace de quelques secondes, la ville ennemie est détruite. Prélude de la victoire? Sans doute. Le 10 août, le Japon capitule. Les 100.000 morts d'Hiroshima auront évité un ou deux ou peut-être dix millions d'autres morts.

lumière très intense

L'explosion d'Hiroshima devait être un point final. En fait, elle ouvre un nouveau chapitre dans l'histoire de la terreur. Ce jour-là, en effet, *une certitude est acquise:* l'homme peut tout détruire. Il peut se détruire—d'une manière absolue et irréversible! Devant cette perspective, les savants pouvaient-ils réorienter leurs recherches? Au contraire, celle-ci les encourage à perfectionner leurs *engins* de destruction. Commencée en 1945, la course aux armements atomiques s'accélère. En voici quelques étapes:

- 1949   L'Union Soviétique fait exploser sa première bombe atomique.

- 1952   La Grande Bretagne *acquiert* la bombe atomique. Les États-Unis font exploser la première bombe à hydrogène.

- 1960   La France devient une puissance nucléaire.

- 1964   La Chine acquiert la bombe atomique, puis en 1967 la bombe à hydrogène.

- 1974   Champion du pacifisme, l'Inde à son tour fait exploser un engin nucléaire.

on a la certitude

instruments

obtient

Peut-être parle-t-on maintenant de détente, de réconciliation, de paix éternelle. C'est un signe encourageant. Mais le fait reste: en quelques instants, la planète peut exploser.

Peut-être... à la machine qui réduit le temps

21 janvier 1976. Journée historique dans l'histoire du transport aérien. Ce jour-là, en effet, Concorde I relie Paris à Dakar en 2 heures 52 minutes. Puis Dakar à Rio de Janeiro en 3 heures. 10.000 kilomètres en six heures de vol. C'est le temps qu'il faut à un bon marcheur pour *parcourir* les 40 kilomètres qui séparent Paris de l'aéroport de Roissy.

marcher pendant

Avec Concorde, l'ère du transport supersonique a commencé. Exploit technique? Certainement! Enrichissement de l'existence? Peut-être pour les fanatiques de la vitesse, pour les gens pressés, pour les gens nerveux qui ne tiennent jamais en place, pour ceux qui identifient le temps à l'argent ou pour ceux pour qui l'argent ne compte pas... Oui, mais Concorde pollue et menace l'environnement. C'est un appareil *bruyant* et vorace qui consomme d'énormes quantités de fuel.

qui fait du bruit [noise]

Alors, où est le progrès pour ceux qui luttent contre la pollution? pour ceux qui sont saturés de bruit? pour ceux qui placent la qualité de la vie avant l'efficacité? pour ceux qui ne comptent pas en secondes? pour ceux qui simplement refusent de croire que «le temps, c'est de l'argent»? En somme, où est l'exploit technique pour la majorité d'entre nous?...

FLASH

Concorde

Concorde I (version française) et Concorde II (version anglaise) battent de nouveaux records de vitesse.

Londres—Washington	en 2 heures 20
Londres—New York	en 2 heures 40
Paris—Washington	en 2 heures 40
Paris—New York	en 2 heures 55

L'an 2000

L'optimiste

D'ici l'an 2000, l'univers aura considérablement changé. Les gens habiteront des villes flottantes sur l'océan, ou des villes aériennes mobiles. Ils parleront une langue universelle. Le cinéma en trois dimensions aura été développé. Les transports intercontinentaux se feront par fusée. Des progrès énormes auront été faits dans le domaine médical. Il sera possible de contrôler les rides et d'arrêter *la chute* des cheveux. Les médecins auront trouvé une cure contre le cancer et contre les maladies de cœur. Des vaccins immuniseront la population contre les maladies à virus.

loss

Mais tout cela n'est pas l'essentiel... L'essentiel est que les hommes auront enfin appris à vivre en paix. Les stocks d'armes atomiques auront été détruits. Des drogues calmantes auront été administrées aux derniers partisans de la guerre. La guerre sera considérée comme impossible. Une nouvelle humanité sera née!

Le pessimiste

Les principales ressources naturelles auront disparu. La pollution aura détruit l'environnement, changé les climats et mis en danger la santé de la population. *Le fossé* entre les riches et les pauvres, entre les jeunes et les vieux, entre les hommes et les femmes, sera devenu plus grand qu'aujourd'hui. La terre sera surpeuplée. Si ce n'est pas le cas, c'est parce que des épidémies de choléra et de typhus auront éliminé une partie de l'humanité. Une autre partie aura disparu dans des guerres sporadiques. Les nations les plus développées auront augmenté leur stock d'armes atomiques. Il est fort possible qu'il n'y aura pas d'an 2000.

gap

ACTIVITÉ: Études

1. Analysez les prédictions de l'optimiste et du pessimiste. Pour chacune de ces prédictions, dites si elle vous paraît très probable, possible, mais peu probable, ou complètement folle [*crazy*].
2. Faites votre description de l'an 2000. Vous pouvez parler des innovations...

   sur le plan médical

   sur le plan de l'habitat et de l'architecture

   sur le plan de la mode

   sur le plan de confort

   sur le plan des transports

   sur le plan des communications.

   Dites aussi comment le mode de vie aura changé.

ACTIVITÉ: Priorités

Le progrès s'exerce dans des domaines très différents. Pour chacun des domaines suivants, dites si le progrès doit s'arrêter, continuer ou s'accélérer. Expliquez votre position.

MODÈLE: la conquête de l'espace

En ce qui concerne la conquête de l'espace, il faut que le progrès s'arrête. Je pense cela parce que la conquête de l'espace représente une dépense inutile.

1. la lutte anti-pollution
2. la lutte contre le cancer
3. la sécurité automobile
4. le développement des armes nucléaires
5. le confort matériel
6. la rapidité des transports
7. la rapidité des communications
8. l'informatique
9. la parapsychologie
10. la psychiâtrie

CINQUIÈME PARTIE

En France
et ailleurs

DOSSIER 17
Être
parisien...

DOCUMENT

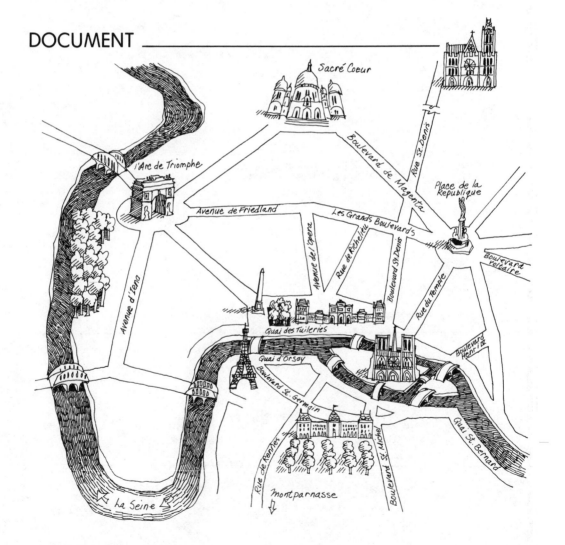

VOCABULAIRE: La ville

Les avantages
la vie culturelle
les monuments, les musées, les concerts, les expositions
les distractions
le cinéma, les discothèques, les restaurants
les facilités commerciales
les boutiques, les grands magasins [*department stores*]

Les désavantages
le problème du transport
la circulation en voiture: **le stationnement, les encombrements**
[*jams*]
les transports en commun: **les heures d'affluence** [*rush hour*]
le problème du logement
le manque [*lack*] **d'espace**
le bruit
l'anonymité
la déshumanisation
la foule [*crowd*]

ACTIVITÉ: Votre ville

Dites si oui ou non votre ville a les avantages suivants.

1. un bon climat
2. un air pur
3. un environnement agréable
4. des parcs
5. des musées
6. des cinémas
7. de beaux magasins
8. des hôpitaux modernes
9. de bons restaurants
10. une industrie prospère
11. une architecture
    intéressante
12. une vie artistique
13. une ambiance sympathique
14. une longue histoire
15. des monuments
16. des gens aimables
17. des gens honnêtes
18. un bon système d'éducation
19. des possibilités de loisirs
20. des possibilités de travail
21. une vie intellectuelle
    intense
22. un équipement sportif

ACTIVITÉ: Comparaisons

Pour chacun des éléments de «Votre Ville», dites s'il vaut mieux choisir la campagne, une petite ville ou une très grande ville.

 MODÈLE: un bon climat
Si l'on veut habiter là où il y a un bon climat, il vaut mieux choisir la campagne.

ACTIVITÉ: Études

1. Faites une brève étude socio-économique de votre ville. Analysez les habitants (nombre, origine ethnique, religions principales) et les industries principales.
2. Faites une brève étude historique de votre ville. Quand a été fondée cette ville? Par qui? Quels sont les principaux événements historiques? Quels sont les monuments qui commémorent ces événements?

UN PEU D'HISTOIRE

Petite histoire de Paris à travers quelques citations

«Paris ne s'est pas fait en un jour» *(proverbe français)*

Paris est une ville très ancienne. Elle a plus de vingt siècles. Fondée au deuxième siècle avant Jésus-Christ, occupée par les Romains, Paris est devenue la capitale de la France en 897.

Les nombreux monuments de Paris retracent la longue histoire de la ville. Mais Paris aujourd'hui n'est pas seulement une ville de monuments et de musées. C'est une ville dynamique en pleine expansion et en pleine transformation.

«Paris vaut bien une messe» *(Henri IV: 1553—1610)*

En 1588, la France était un royaume sans roi. Le candidat le plus sérieux était Henri de Navarre. Un seul obstacle séparait celui-ci du trône: sa religion. Henri de Navarre était protestant, dans un pays *à majorité* catholique. En 1593, Henri se convertit à la religion catholique et entra à Paris, sa nouvelle capitale.

où la majorité est

«On ne vit qu'à Paris, et l'on végète ailleurs»
(Gresset: 1709–1777)

Très tôt, Paris est devenue la capitale administrative de la France. Puis, de capitale administrative, elle est devenue capitale intellectuelle, artistique, culturelle... Aujourd'hui, Paris joue toujours ce rôle d'avant-garde. C'est à Paris que se crée la mode. C'est à Paris que naissent et meurent les carrières politiques. C'est de Paris que partent les idées, les modes, les directives administratives et même *les émissions* de radio et de télévision. *programmes*

Pendant longtemps cette suprématie parisienne a créé un certain complexe d'infériorité chez les «provinciaux», c'est-à-dire chez les gens qui n'habitent pas Paris. En fait, le mot «province» évoque ce qui est archaïque et sans élégance. Un auteur français a fait cette remarque cruelle: «À Paris il y a plusieurs sortes de femmes. En province, il n'y en a hélas qu'une seule et cette *infortunée* est la provinciale.» *malheureuse*

«Paris est la capitale du monde» *(Goethe: 1749–1832)*

L'opinion du célèbre écrivain allemand trouve un écho quelques années plus tard chez un philosophe américain, Ralph Waldo Emerson. «Les Anglais ont construit Londres pour eux-mêmes. Les Français ont construit Paris pour le monde.» Ces phrases reflètent l'admiration illimitée des intellectuels et des artistes pour une ville qui était vraiment la capitale culturelle du monde. Aujourd'hui, Paris *partage* cette *shares*
fonction avec d'autres villes comme New York, Londres et Rome.

«Paris doit être détruite» (Hitler: 1889–1945)

23 juin 1940. Six heures du matin. Une Mercédès noire *parcourt* les rues désertes de Paris. À l'intérieur de la voiture se trouve un homme qui est venu célébrer son plus grand triomphe: Adolphe Hitler. «C'est le plus grand et le plus beau jour de ma vie!» dit-il à son chauffeur. Dix jours avant, les troupes allemandes ont pénétré dans Paris. Après la Pologne, le Danemark, la Norvège, la Hollande, le Luxembourg, la Belgique, la France est tombée. Une longue occupation va commencer pour les Parisiens et pour les Français. Puis, petit à petit, les succès militaires d'Hitler se transforment en défaite. Le 6 juin 1944, les troupes alliées débarquent en Normandie. Hitler donne alors un ordre *démentiel:* «Paris doit être détruite; Paris doit *brûler*.» Heureusement le général allemand qui a reçu cet ordre décide de désobéir. Paris ne brûlera pas. Le 25 août 1944, la ville sera libérée par les troupes françaises.

traverse

insane / burn

«Paris est une fête» (Ernest Hemingway: 1898–1961)

Habiter à Paris a toujours été le rêve des expatriés, temporaires ou permanents. Ce rêve *fut* réalisé au début du siècle par un groupe d'artistes de très grand talent: Picasso, Chagall, Modigliani... Ces artistes constituèrent la fameuse «École de Paris». Plus tard, des écrivains américains *vinrent* s'installer dans cette ville où ils *connurent* une période très *féconde*. Parmi eux: F. Scott Fitzgerald, Dos Passos, Ezra Pound, e. e. cummings, Henry Miller et Ernest Hemingway.

Aujourd'hui la beauté de Paris attire toujours un très grand nombre de résidents étrangers et de touristes qui viennent chaque année par milliers.

passé simple: être

passé simple: venir; connaître / riche

ACTIVITÉ: Au choix

Voici plusieurs grandes villes. Choisissez une de ces villes et dites pourquoi vous voudriez y habiter et pourquoi vous ne voudriez pas y habiter.

Paris	Chicago
Londres	Phoenix
New York	Québec
Miami	Montréal
Los Angeles	Rome

 MODÈLE: Paris

Je voudrais habiter à Paris à cause de la vie intellectuelle et de l'atmosphère.

Je ne voudrais pas y habiter à cause de la pollution et du coût de la vie.

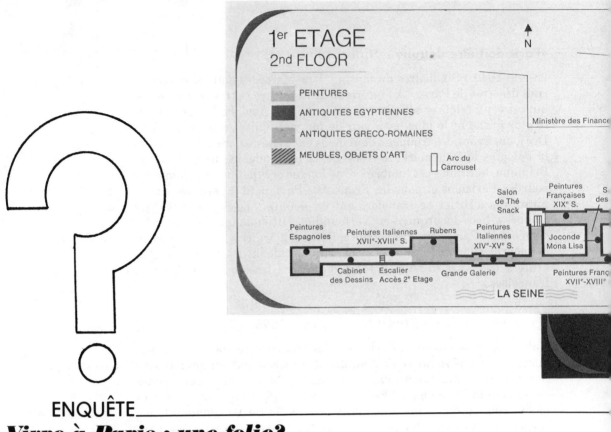

ENQUÊTE

Vivre à Paris : une folie?

Les Champs Élysées, la Tour Eiffel, Montmartre, Le Quartier Latin! Paris, Ville Lumière! Tous les touristes connaissent. Oui, mais Paris est aussi une ville où les gens naissent, habitent, travaillent, s'amusent et meurent. Qu'est-ce que cela signifie de vivre à Paris? Nous avons posé la question à cinq personnes. Voici leurs réponses.

Bernard Durant (*24 ans, électricien*):

Je suis parisien 100% (cent pour cent). C'est là où je suis né. C'est là où sont nés mes parents. C'est là où j'ai mes copains. Je ne connais pas d'autres villes, mais je ne crois pas que je pourrais vivre *ailleurs*.   dans un autre endroit
Bien sûr, Paris a ses problèmes. Prenez le problème de la circulation, par exemple. J'ai une voiture. Eh bien, chaque soir *je mets* une   il me faut
demi-heure avant de trouver un endroit pour stationner. Et je ne parle pas *des contraventions,* puisque je ne les paie pas...   *tickets*

  Mais ces problèmes ne sont rien en comparaison des avantages. Ce que j'aime ici, c'est la foule. La foule des cafés, la foule des discothèques, la foule que l'on *croise* lorsque l'on se promène sur les   rencontre
Champs-Élysées ou au Quartier Latin le samedi soir...

The following labels appear on the plan:

Rue de Rivoli

Galerie des Tabatières

COUR CARREE

Salles de la Colonnade

man

e de arace

Salle des Sept Cheminées

Vases Grecs

Joyaux de la Couronne

Escalier (Accès au 2ᵉ Etage)

Galerie d'Apollon

Salon Carré

Pont des Arts

MUSEE DU LOUVRE
PLAN

Sylvie Loiseau (*24 ans, vendeuse*):

Je ne suis pas née à Paris. Je viens de Lyon. Je suis une Parisienne d'adoption. J'aime mon travail, mais ce qui me plaît le plus ici, c'est l'atmosphère de la ville. Regardez l'élégance des gens. C'est agréable de vivre dans une ville où les hommes et les femmes s'habillent bien, même pour aller au marché. Et les boutiques? On dit que ce sont les plus belles du monde. Et puis, il y a toujours quelque chose à faire, et même quand il n'y a rien à faire on peut passer une heure agréable dans un café à regarder le spectacle de la rue. D'ailleurs, si ce n'était pas une ville extraordinaire, pourquoi y aurait-il tant de touristes étrangers? Paris restera toujours Paris!

Jean-Paul Pascal (*19 ans, étudiant*):

Comme beaucoup de gens qui habitent à Paris, je ne suis pas originaire de Paris. Pourtant je me sens complètement parisien. Je suis étudiant en médecine et j'habite au Quartier Latin. J'ai de la chance, je suppose... On dit que Paris est la Ville Lumière. Ce n'est pas un cliché. C'est vrai. Il y a ici une atmosphère culturelle qui n'existe dans aucune autre ville. Le choix des distractions est extraordinaire. On

trouve toujours ce que l'on cherche: un bon film, une pièce de théâtre
d'avant garde, une exposition intéressante, une conférence, un concert...

Suzanne Billet (*26 ans, employée*):

Je suis parisienne, étant née à Paris. Aujourd'hui, j'habite dans la
banlieue. Si je vais à Paris chaque jour, c'est parce que j'y travaille.
Je suis employée à l'administration centrale des P et T.[1] Je me lève
à cinq heures et demie chaque matin pour prendre mon train. Et puis,
il y a le métro. Le soir, c'est la même chose en *sens inverse*. J'ai trois   direction opposée
heures de transport par jour. Quand je rentre chez moi à sept heures,
je suis *épuisée*. Le réflexe, c'est de tourner le bouton et de regarder la   très fatiguée
télé. Le week-end, je dors.

    Vous demandez ce que représente Paris pour moi? Eh bien, Paris,
je ne sais pas ce que c'est. Oui, bien sûr, il y a les Champs-Élysées et le
Quartier Latin. Mais ça, c'est pour les touristes ou pour les gens qui
ont de l'argent... ou pour les étudiants qui ne font rien. Pour nous, les
gens qui travaillons, Paris c'est «métro, *boulot*, *dodo*».   travail (argot) / sommeil
(langue enfantine)

Hubert Guérinet (*45 ans, fonctionnaire*):

Je suis originaire d'un petit village de Provence. Il y a vingt ans que
j'habite à Paris, mais je me considère comme un provincial trans-
planté. D'ailleurs, si ce n'était pas pour le travail, je retournerais dans
ma province. Je suis fonctionnaire au Ministère de l'Industrie. Pour
moi, Paris a tous les désavantages des grands villes. Paris, c'est la
foule anonyme. Les gens sont comme des statues. Ils ne rient jamais.
On ne se connaît pas, on s'ignore ou quand on se connaît, on se déteste.
Tenez, j'habite depuis dix ans dans le même immeuble et c'est à peine
si *mes voisins de palier* me disent bonjour. Et puis, il y a la pollution,   les gens qui habitent à
le bruit, la circulation.   mon étage

    Paris, Ville Lumière? Moi, je préfère le soleil de ma Provence!

---

[1] Pòstes et Télécommunications

ACTIVITÉ: Études

1. Sur les cinq personnes qui ont été interviewées, combien sont nées à Paris, combien n'y sont pas nées? Est-ce que ces proportions vous semblent extraordinaires? Est-ce que c'est la même chose aux États-Unis?

2. Voici certains avantages des grandes villes:

la vie intellectuelle
la vie artistique
la qualité de l'éducation
le confort
la liberté

l'atmosphère
la possibilité de loisirs
la variété des magasins
la possibilité de trouver un
   travail intéressant

De ces avantages, quels sont ceux que possède Paris selon Bernard Durant? Hélène Loiseau? Jean-Paul Pascal?

3. Voici certains inconvénients des grandes villes:

la pollution
la criminalité
le chômage [unemployment]
le coût de la vie
l'indifférence des habitants

la solitude
la corruption politique
les problèmes de circulation
les transports

De ces désavantages, quels sont ceux que possède Paris selon Suzanne Billet? Hubert Guérinet?

4. Quels sont les principaux avantages et les principaux désavantages d'une ville américaine comme New York? Boston? Chicago? Houston? Los Angeles?

5. Pour chacune des personnes suivantes, quel est l'avantage le plus important? l'avantage le moins important? le désavantage le plus important? le désavantage le moins important?

pour un(e) étudiant(e)
pour un jeune couple
pour un(e) célibataire de
   30 ans
pour une personne âgée

pour un couple avec des
   enfants
pour une personne riche
pour une personne pauvre

ANGOISSE · DESESPOIR · SOLITUDE
SOS AMITIE ‹47›54 14 37

FLASH ///

Les monuments les plus visités

À quel monument pensez-vous lorsque vous pensez à la France? Peut-être à la Tour Eiffel? Vous n'auriez pas tort. La Tour Eiffel est le monument que les touristes visitent le plus. Voici, dans leur ordre d'importance, les principaux monuments français:

Monuments	Ville ou province	Nombres de visites par an
la Tour Eiffel	Paris	3.000.000
le château de Versailles	Versailles	1.650.000
le Louvre	Paris	1.500.000
le tombeau de Napoléon	Paris	1.400.000
le musée Grévin	Paris	550.000
l'Arc de Triomphe	Paris	520.000
le Mont Saint Michel	Normandie	470.000
le musée du Jeu de Paume	Paris	460.000
la Sainte Chapelle	Paris	380.000
le Palais de la Découverte	Paris	380.000
le château de Haut Koenisberg	Alsace	360.000
les tours de Notre Dame	Paris	310.000
le château de Chambord	Touraine	300.000
le Trianon	Versailles	270.000

ACTIVITÉ: À Paris

Demandez à un(e) camarade s'il (si elle) ferait les choses suivantes s'il (si elle) était à Paris.

MODÈLE: visiter les monuments
Vous: Visiterais-tu de monuments?
Votre camarade: Oui, je visiterais les monuments.
ou: *Non, je ne visiterais pas les monuments.*

1. visiter les musées
2. visiter la ville
3. aller au théâtre
4. aller dans un café
5. déjeuner dans un restaurant
6. aller dans une discothèque
7. acheter des souvenirs
8. prendre des photos
9. parler aux gens de la ville
10. rencontrer d'autres Américains
11. sortir avec un(e) habitant(e) de la ville

Nous, les provinciaux

DOCUMENT_____

Les régions de France

Auto-portrait des provinciaux

Paris est la plus grande ville de France. Ce n'est pas toute la France. Le reste, ce que les Parisiens appellent «la province», est constitué d'un certain nombre de grandes régions administratives qui correspondent plus ou moins aux provinces *d'autrefois*. Ces provinces avaient leur originalité bien *marquée*. Cette originalité n'a pas complètement disparu. Elle subsiste dans le caractère des habitants de chaque province ou du moins dans l'image que l'on se fait de ce caractère. Là aussi, en effet, les stéréotypes existent. Ainsi les gens du Nord ont la réputation d'être distants, les gens du Sud d'exagérer, les Bretons d'être têtus, les Auvergnats d'être avares...

    Est-ce que ces préjugés subsistent toujours dans un pays où la population est de plus en plus mobile? Pour répondre à cette question, un journal français, le *Point,* a interrogé 5.000 Français. Ces personnes ont été invitées à dire comment elles jugent leurs voisins et comment elles se jugent elles-mêmes. Quelles sont les principales qualités des gens de chaque région? Quels sont leurs principaux défauts? Le résultat de cette enquête est un auto-portrait des Français de province.

du passé
accentuée

Les qualités

	1e place	2e place	3e place	Dernière place
Les Français les plus sympathiques	les Provençaux	les Marseillais	les Bretons	les Alsaciens
Les Français les plus travailleurs	les gens du Nord	les Lorrains	les Alsaciens	les Corses
Les Français les plus joyeux	les Marseillais	les Provençaux	les gens de Toulouse	les Lorrains
Les Français les plus économes	les Auvergnats	les Normands	les Bretons	les Marseillais
Les Français les plus fidèles en amitié	les gens du Nord	les Bretons	les Alsaciens	les Bourguignons
Les Français les plus débrouillards	les Parisiens	les Marseillais	les Corses	les Bourguignons

Leur principal défaut

	Vus par eux-mêmes	Vus par les autres
Les Alsaciens	têtus	renfermés
Les Tourangeaux	renfermés	renfermés
Les Auvergnats	têtus	têtus
Les Basques	têtus	peu travailleurs
Les Bourguignons	râleurs	peu fidèles en amitié
Les Bretons	têtus	têtus
Les Catalans	têtus	vantards
Les Corses	râleurs	peu travailleurs
Les Lorrains	renfermés	renfermés
Les Marseillais	vantards	vantards
Les gens du Nord	râleurs	renfermés
Les Normands	renfermés	têtus
Les Parisiens	râleurs	râleurs
Les Provençaux	vantards	vantards

VOCABULAIRE: Les habitants de la France

Quelques provinces

l'Alsace	un Alsacien (une Alsacienne)
la Touraine	un Tourangeau (une Tourangelle)
l'Auvergne	un Auvergnat (une Auvergnate)
le Pays Basque	un(e) Basque
la Bourgogne	un Bourguignon (une Bourguignonne)
la Bretagne	un Breton (une Bretonne)
la Lorraine	un Lorrain (une Lorraine)
la Normandie	un Normand (une Normande)
la Provence	un Provençal (une Provençale)
la Corse	un(e) Corse

Quelques villes

Paris	un Parisien (une Parisienne)
Marseille	un Marseillais (une Marseillaise)

Quelques caractéristiques

Si vous êtes **économe**, vous ne dépensez pas beaucoup d'argent.

Si vous êtes **débrouillard(e)**, vous trouvez une solution pour chaque situation difficile.

Si vous êtes **têtu(e)**, vous tenez à vos idées et vous ne changez pas d'opinion.

Si vous êtes **renfermé(e)**, vous ne parlez pas beaucoup.

Si vous êtes **raleur (râleuse)** vous protestez sans cesse.

Si vous êtes **vantard(e)**, vous exaltez votre propre mérite.

Si vous êtes **avare**, le sens de l'économie est pour vous un vice et non pas une vertu.

ACTIVITÉ: La carte du caractère: En France

Dites quel genre de personnes on rencontre dans les villes suivantes. Pour cela, référez-vous aux tableaux de l'enquête et à la carte qui indique dans quelle province chaque ville est située.

Marseille   Dijon
Lille   Nice
Le Havre   Brest
Strasbourg   Colmar
Clermont-Ferrand Saint-Malo

 MODÈLE: Marseille
À Marseille on rencontre des gens qui sont sympathiques, joyeux, débrouillards mais vantards et peu travailleurs.

ACTIVITÉ: La carte du caractère: Aux États-Unis

Les stéréotypes existent aussi aux États-Unis. Selon vous, dites dans quelle ville des États-Unis on rencontre des gens qui manifestent le plus les qualités ou les défauts suivants.

MODÈLE: cultivés
C'est à San Francisco que les gens sont les plus cultivés.

1. distants
2. sympathiques
3. snobs
4. aimables
5. polis
6. tolérants

7. intolérants
8. paresseux
9. cordiaux
10. tristes
11. prétentieux
12. intellectuels

ACTIVITÉ: Sondage

Faites un sondage dans la classe où vous déterminerez le portrait type des personnes suivantes.

	1ᵉ carac-téristique	2ᵉ carac-téristique	3ᵉ carac-téristique
Les gens du Nord des États-Unis			
Les gens du Sud			
Les gens du Mid-West			
Les New Yorkais			
Les Texans			
Les gens de Boston			
Les habitants de la Californie			

Comme caractéristiques, vous pouvez utiliser les expressions suivantes.

1. parler avec un accent
2. travailler beaucoup
3. travailler peu
4. être arrogant
5. être cultivé
6. être idéaliste
7. aimer la nature
8. aimer le sport
9. être indiscipliné
10. être puritain
11. être débrouillard
12. être libéral
13. être conservateur
14. avoir de l'humour
15. exagérer

FLASH

Histoire de l'éléphant

Voici une histoire qui illustre les préjugés des Français vis-à-vis d'eux-mêmes et de leurs voisins.

Chaque année un jury international organisait un concours littéraire. Un écrivain de chaque nationalité devait écrire un essai sur un sujet donné. Une année, le sujet choisi *fut* «L'éléphant».

passé simple: être

L'Anglais intitula son essai «Chasse à l'éléphant dans la forêt africaine». L'Israëlien *écrivit* «L'éléphant et le problème palestinien». passé simple: écrire
L'Allemand composa un essai de cinq volumes appelé «Introduction à l'étude scientifique des coutumes sociales et de la physiologie de l'éléphant». Le Russe écrivit «L'éléphant et *le complot* capitaliste». *plot*
L'Américain écrivit une «Psychanalyse de l'éléphant». Le Français se limita à «La vie amoureuse de l'éléphant».

Cette même histoire pourrait s'appliquer aux habitants des divers régions françaises. Voici comment chacun intitulerait son essai.
L'Auvergnat: «Le prix de l'éléphant». Le Normand: «Est-ce que c'est un éléphant, oui ou non?» L'Alsacien: «Efficacité de l'éléphant dans la construction des autoroutes. Le Marseillais: «Ce qui s'appelle un éléphant chez les autres s'appelle une souris chez nous». Le Parisien: «*Les embarras* créés dans la circulation par les éléphants conduits par problèmes
les paysans de la province».

ACTIVITÉ: À votre tour

Racontez maintenant l'histoire de l'éléphant en choisissant le point de vue:

1. d'un New Yorkais
2. d'un Texan
3. d'un habitant du Kansas
4. d'un Bostonien
5. d'un habitant de la Californie
6. d'un habitant du Sud

UN PEU D'HISTOIRE

La province bouge...

bouge = proteste

Pendant des siècles, la politique des différents gouvernements a été de faire de la France un pays très centralisé. Cette politique a réussi à transformer Paris en une ville gigantesque, la seule très grande ville française. Elle a réussi à *atténuer* les particularismes locaux. Elle ne rendre plus faibles
les a pas détruits.

Bien sûr, la plupart des coutumes locales ont disparu. Le folklore authentique est devenu «du folklore», c'est-à-dire un spectacle *factice* à artificiel
usage principalement commercial et touristique. Ce qui reste cependant, chez beaucoup de gens de la province, c'est le sentiment d'*appartenir* à une région différente. Autrefois, le «provincial» était con *belong*
vaincu de son infériorité vis-à-vis du «Parisien». Il *avait honte* de ses *was ashamed*

origines. Aujourd'hui, il est fier de celles-ci. La honte n'existe plus. Elle a fait place à un sentiment d'*orgueil* et parfois à un esprit de *reven-dication*. Aujourd'hui les anciennes provinces françaises retrouvent leur identité. Cette identité s'affirme par des protestations, parfois pacifiques, parfois violentes, contre le gouvernement et contre le reste des Français. La province n'est plus passive. Elle bouge...

pride
réclamation

Quatre provinces

L'Alsace

L'Alsace forme frontière entre la France et l'Allemagne. Cette situation a créé bien des problèmes pour cette province. Dans les nombreux conflits qui ont opposé l'Allemagne et la France, leur région a toujours été la première à être *revendiquée,* puis occupée par les Allemands. L'Alsace est devenue française en 1681. Les Alsaciens n'ont jamais regretté ce choix. En fait, ils ont acquis la réputation d'être les plus patriotes des Français. Ils regardent aussi leurs voisins allemands avec une pointe d'envie. S'ils sont plus riches que la moyenne des Français, les Alsaciens sont en effet moins riches que la moyenne des Allemands...

réclamée

Pour éviter ces comparaisons dangereuses, les Alsaciens ont décidé de rester avant tout alsaciens. Aujourd'hui, 85% continuent à pratiquer le dialecte alsacien qui n'est ni de l'allemand ni du français.

La Bretagne

La Bretagne est devenue française en 1532, par amour. C'est en effet un mariage (le mariage de la duchesse Anne de Bretagne au roi de France, Louis XII) qui provoqua l'union de cette province à la France. Hélas, cet amour n'a pas été éternel. La Bretagne est en fait restée une région isolée que les Français ont trop souvent tendance à traiter en parente pauvre. Cet isolement géographique, politique, économique de la Bretagne explique le retard de celle-ci par rapport au reste du pays. Il explique aussi la vigueur avec laquelle l'identité bretonne s'est maintenue au cours des siècles. C'est précisément en *exhibant* cette identité que les Bretons expriment aujourd'hui leur mécontentement. La Bretagne a gardé ses coutumes, son folklore, son dialecte. Aujourd'hui, elle a ses poètes et ses *ménestrels*. En fait, un des chanteurs les plus populaires en France est un chanteur de folklore breton, Alan Stilvell.

montrant

chanteurs folkloriques

BREZONEG
pazenn ha pazenn

GAND A. MERSER HA JO NEDELEG

Pazenn c'hweh ha hanter-kant (56)

1) **Sehed am-eus ! eva a ran.**

2) **Breman, n'am-eus ked sehed ken.**

3) **Sehed am-oa. Eved am-eus.**

4) **Breman, n'am-eus ked sehed ken.**

5) **Sehed am-oa a-raog m'am-oa eved.**

1) J'ai soif ! je bois.

2) Maintenant je n'ai plus soif.

3) J'avais soif. J'ai bu.

4) Maintenant je n'ai plus soif.

5) J'avais soif avant d'avoir bu (avant que j'avais bu).

NOTE. — A la place de « ken » (plus), de nombreuses régions emploient son synonyme « mul ».

L'imparfait du verbe « avoir » (donc le plus-que-parfait) se forme de la même façon que le présent (donc le passé composé). Il suffit de remplacer « eus » par « oa », ce qui nous donne :

1re **pers. du sing. am-eus/ am-oa**

2e **pers. du sing. az-peus/ az-poa**

3e **pers. du sing. masc. en-deus/ en-doa**

3e **pers. du sing. fém. he-deus/ he-doa**

1re **pers. du plur. on-eus/ on-oa**

2e **pers. du plur. ho-peus/ ho-poa**

3e **pers. du plur. o-deus/ o-doa.**

Les prononciations sont très

La Corse

La Corse est une île de la Méditerranée. Elle est devenue française en 1768. Son fils le plus célèbre est Napoléon, qui *devint* empereur de France en 1804. On l'appelle «l'Île de Beauté». Les agences de tourisme *vantent* son climat, son ciel toujours bleu, son soleil, sa nature intacte. Les agents *immobiliers* en vendent la terre. Les *acquéreurs* sont nombreux. Voilà pourquoi les Corses protestent. Ils ne veulent absolument pas que leur île soit achetée par des «étrangers», même si ces «étrangers» sont d'autres Français, venus du continent. Pour cela, ils sont prêts à se battre. En 1975, la Corse a *bougé*. Au cours d'une manifestation, plusieurs policiers ont été tués. Parmi tous les mécontents de France, les Corses sont peut-être les plus mécontents. Aujourd'hui certains réclament l'indépendance de l'île.

passé simple: devenir

parlent favorablement de
real estate / acheteurs

protesté

L'Occitanie

L'Occitanie n'est pas une province, mais une région assez mal définie. Elle se situe au sud de la France et correspond aux territoires où l'on parlait la «langue d'oc» avant de parler français (avec un accent). La Provence, le Languedoc en font partie. Cette région avait autrefois une littérature et une culture très vivantes, mais qui ont plus ou moins disparu quand la France est devenue un pays centralisé.

Aujourd'hui, l'Occitanie n'est pas seulement une région. C'est une idée. L'idée de faire revivre la culture, la langue et la littérature d'autrefois. Pour cela, il faut d'abord se libérer de la condition de peuple *soumis*. Voilà pourquoi les intellectuels occitans refusent le tourisme provocateur des gens du Nord. Voilà pourquoi ils refusent les principes de ceux-ci: le capitalisme, l'industrie, en somme *la magie* de l'argent.

dominé

attrait

Les revendications occitanes ne sont pas purement intellectuelles et culturelles. Elles sont aussi économiques et sociales. Dans une région où l'agriculture constitue la richesse principale des habitants, les paysans protestent contre *la concurrence* des produits étrangers: vins italiens, oranges algériennes, raisins espagnols. Leurs colères sont fréquentes et violentes: manifestations, occupations de bâtiments administratifs, *barrages* de routes...

compétition

barricades

Intellectuelle, culturelle, sociale ou économique, la révolte de l'Occitanie ne symbolise-t-elle pas le conflit éternel qui semble opposer les gens du Sud aux gens du Nord?

L'Occitanie veut vivre!

FLASH ∿∿∿∿∿∿∿∿∿∿∿∿∿∿∿∿∿∿∿∿
Le breton au baccalauréat

Chaque année, plus de 1.000 candidats au baccalauréat
choisissent la langue bretonne comme langue facultative. Ce
chiffre augmente d'année en année. La fondation culturelle
bretonne Emgleo-Breiz a déclaré qu'il s'agissait d'«une
nouvelle et éclatante manifestation du courant de plus en plus
marqué parmi les jeunes en faveur de la langue bretonne et de   fort
leur volonté de recouvrer pleinement leur identité culturelle».

ACTIVITÉ: **Problèmes**

Voici certains problèmes:

la pollution
la pauvreté
le chômage
la corruption
l'intolérance
la discrimination

Pour chacun de ces problèmes, dites si ce problème est particulièrement important...

1. dans votre état
2. dans le nord des États-Unis
3. dans le sud des États-Unis
4. dans l'est des États-Unis
5. dans l'ouest des États-Unis

ACTIVITÉ: **Études**

1. Faites une brève description historique de votre état: avant Christophe Colomb, pendant la Révolution, pendant la Guerre de Séces-
   sion.
2. Faites une brève description de l'économie de votre région: ses industries principales, les industries qui prospèrent, les industries
   qui déclinent.
3. Faites une brève description des habitants de votre région: leur
   origine ethnique, leurs religions principales, leurs qualités, leurs
   défauts.
4. Quels sont les problèmes actuels de votre région?

ACTIVITÉ: **Révolte?**

Certains événements peuvent provoquer des réactions favorables ou défavorables dans une région. Dites si les événements suivants provoqueraient dans votre état...

une réaction favorable
une réaction d'indépendance
des protestations
une révolte
une révolution

1. le développement du tourisme
2. l'installation de nouvelles industries
3. l'installation d'une centrale nucléaire
4. l'achat d'un grand nombre de terrains par des étrangers
5. l'arrivée massive d'immigrés
6. de nouvelles taxes fédérales
7. de nouvelles taxes locales
8. l'occupation de la capitale par des troupes fédérales
9. la suppression de la liberté de la presse
10. la nationalisation des industries locales

CORSE

Près du berceau de Napoléon, sur la baie d'Ajaccio,
l'Hôtel Sheraton du Cap surplombe l'un des plus
beaux panoramas de la Méditerranée ensoleillée.
L'Hôtel Sheraton du Cap offre des chambres luxu-
euses, une table de grande classe et une infinie
variété de sports... tennis, pêche sous-marine, ski
nautique, yachting. Ligne aérienne régulière vers la
Corse. Et chaque jour par mer, de Nice ou Marseille.
Pour réservations, voyez votre agent de voyage.
Ou contactez le Bureau de Réservations Sheraton :
A Paris, appelez : 073.38.65, telex 22.875 ;
A Bruxelles, appelez : 18.26.24, telex 2 22989.

B.B.D.O. 7-2131

Ⓢ HOTEL SHERATON DU CAP **** LUXE

Porticcio · Golfe d'Ajaccio · Corse · 140 HOTELS SHERATON A TRAVERS LE MONDE

La francophonie

DOCUMENT

Le monde francophone

On parle français à Paris, mais aussi...

à Québec

à Tahiti

à Genève

à Dakar

Régions où l'on parle français

Europe:
France
Belgique
Suisse
Luxembourg

Amérique du Nord:
Canada: Québec
États-Unis: Louisiane, Nouvelle-Angleterre

Amérique Centrale, Amérique du Sud:
Martinique, Guadeloupe
Haïti
Guyane Française

Asie et Océanie:
Cambodge
Laos
Nouvelle Calédonie
Vietnam

Polynésie Française:
Tahiti

Afrique:

Algérie
Burundi
Cameroun
Côte d'Ivoire
Dahomey
Gabon

Guinée
Haute-Volta
Mali
Maroc
Mauritanie
Niger
République Centrafricaine
République Malgache

République Populaire du Congo
République Rwandaise
Réunion
Sénégal
Tchad
Togo
Tunisie
Zaïre

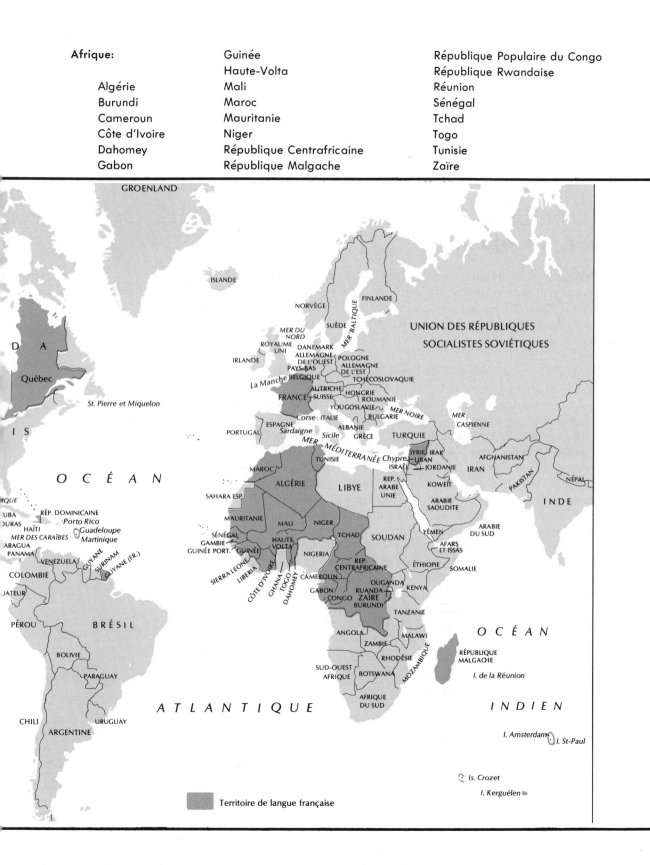

Territoire de langue française

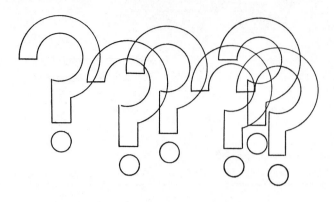

ENQUÊTE

La francophonie

Le français est la langue commune des francophones, c'est-à-dire des gens qui utilisent cette langue de façon habituelle. On compte aujourd'hui 100 millions de francophones. Ces francophones ne sont pas groupés géographiquement. En fait, on les trouve sur tous les continents: en Europe, bien sûr, mais aussi en Afrique, en Amérique, en Asie et en Océanie.

Depuis le milieu des années 1960, la francophonie est devenue un mouvement linguistique, culturel, mais aussi politique. La francophonie a un double aspect. C'est d'abord *une prise de conscience* par les diverses communautés d'expression française de leur identité culturelle propre. En Amérique, par exemple, les Canadiens français, les Franco-Américains de la Nouvelle-Angleterre, les Acadiens de la Louisiane peuvent aujourd'hui affirmer leur personnalité par le fait qu'ils s'expriment en français. Parler français n'est plus dégradant, mais au contraire exaltant. *Le maintien* de la langue devient donc un objectif très important et on assiste actuellement à un renouveau linguistique du français en Amérique du Nord.

La francophonie s'exprime aussi dans la solidarité intellectuelle qui unit les pays d'expression française, même si ces pays appartiennent à des cultures très différentes. Ainsi, en parlant français, un Tunisien, un Sénégalais, un Canadien et un Français non seulement communiquent dans la même langue, ils partagent aussi une même communauté d'idées, d'intérêts et de valeurs. Dans ce système symbiotique, la France joue le rôle de nation-mère. Par l'intermédiaire d'accords culturels passés avec les autres nations, c'est elle qui *alimente* la francophonie. (Au contraire, l'anglophonie ou l'hispanophonie constituent des systèmes linguistiques passifs où ni l'Angleterre ni l'Espagne ne jouent de rôle particulier.)

Grâce à cette francophonie assez militante, le domaine du français *s'étend*. Aujourd'hui, 26 pays utilisent le français comme langue officielle.

awareness

conservation

nourrit

devient plus large

ACTIVITÉ: Questions

1. Connaissez-vous des francophones? De quelle nationalité?
2. Connaissez-vous des Canadiens français? des Américains d'origine française? Quelle langue parlent-ils chez eux?
3. Avez-vous été dans un pays francophone? Lequel? Quelle langue avez-vous parlé?
4. Quelles sont les principales langues parlées dans le monde actuellement?
5. Quelles langues pouvez-vous comprendre?

FLASH

La Louisiane est bilingue!

Prenez une carte de la Louisiane. Examinez la partie sud de la carte. Vous découvrirez un grand nombre de noms français. Des exemples? Lafayette, Evangeline, Baton Rouge, Lafourche, Plaquemines, Terrebasse... Ces noms français ne sont pas uniquement des vestiges de l'ancienne présence française en Louisiane. Ils expriment aussi la réalité de la Louisiane francophone d'aujourd'hui.

Combien y a-t-il de Louisianais et de Louisianaises qui parlent ou comprennent le français aujourd'hui? Peut-être 500.000, peut-être 1 million, peut-être plus.

Le centre de la Louisiane francophone est la région des bayous et la région située autour de la petite ville de Lafayette, en pays cajun. Le mot «cajun» est une corruption du mot «acadien». Qui sont ces Acadiens? À l'origine, le mot «acadien» désignait les habitants de l'Acadie, c'est-à-dire de la Nouvelle-Écosse, au Canada. Les Acadiens

étaient donc des Canadiens français. En 1755, les Acadiens ont été chassés de leur pays par les Anglais parce qu'ils refusaient d'obéir au roi d'Angleterre. La majorité de ces Acadiens, devenus déportés politiques, sont venus s'installer dans le sud de la Louisiane. D'autres Français sont aussi venus s'installer dans cette région: des Français de France, ou «Créoles», des Français d'Haïti, puis des Noirs, des Espagnols, des Anglais, des Allemands qui ont appris le français au contact de la population française. Les descendants de ces gens d'origines très diverses ont souvent préservé la tradition, et parfois l'usage en famille, de la langue française.

On assiste actuellement à un renouveau de la langue française en Louisiane. En 1968, par exemple, la législature de l'état a créé CODOFIL (le Conseil pour le Développement du Français en Louisiane). Sous l'inspiration de cette organisation, des milliers de jeunes apprennent aujourd'hui le français en Louisiane. Oui, la Louisiane est bilingue!

VOCABULAIRE: Les langues

La langue
Une langue peut être... parlée ou écrite, maternelle ou étrangère, vivante ou morte.
Un dialecte est une variété régionale d'une langue.
L'argot [*slang*] est une langue vulgaire adoptée dans certains milieux.

Les gens
Une personne bilingue parle deux langues.
Un francophone parle français.
Un anglophone parle anglais.

Quelques langues du monde, par ordre d'importance

le chinois	l'arabe
l'anglais	le portugais
le russe	le japonais
l'espagnol	le français
l'allemand	l'italien

ACTIVITÉ: Études

Choisissez l'une des quatre langues ci-dessous. Indiquez si cette langue est parlée aux États-Unis actuellement. Où? Par qui? Dans quelles circonstances?

1. l'espagnol
2. l'italien
3. l'allemand
4. le chinois

ACTIVITÉ: L'utilité des langues

Quelle est la langue la plus utile dans les circonstances ci-dessous?

1. quand on voyage au Québec
2. quand on voyage en Amérique du Sud
3. quand on va en Autriche
4. quand on va en Afrique occidentale
5. quand on étudie la chimie
6. quand on étudie la littérature
7. quand on étudie la sociologie
8. quand on veut être diplomate
9. quand on veut travailler comme assistante sociale dans les grandes villes américaines
10. quand on veut être chanteur (chanteuse) d'opéra

ACTIVITÉ: Le génie de la langue

Voici cinq langues: l'anglais, le français, l'italien, l'allemand, l'espagnol. Pour chacune de ces langues, dites si celle-ci a ou n'a pas les qualités suivantes:

1. facile
2. utile
3. musicale
4. poétique
5. claire
6. logique
7. riche
8. harmonieuse
9. populaire
10. internationale

ACTIVITÉ: Opinions

1. Pourquoi apprenez-vous le français?
2. Pourquoi est-il utile—ou inutile—d'apprendre une langue étrangère?
3. Est-ce qu'il existe des liens culturels entre les différents pays anglophones?

Canada... mon pays

Il y a actuellement 7 millions de Canadiens d'origine française. Les Canadiens français sont les descendants des colons français qui se sont établis au Canada aux 17ème et 18ème siècles. Aujourd'hui, ces Canadiens français vivent principalement dans la province de Québec (où le français est la seule langue officielle), mais aussi dans les Provinces Maritimes et dans l'Ontario.

Gilles Vigneault est l'un de ces Canadiens français. C'est un poète et un chanteur. Dans les chansons qu'il compose, il exprime l'amour, l'amitié, la joie, l'attachement à son pays. Voici l'une de ces chansons, «Mon Pays».

Mon pays ce n'est pas un pays c'est l'hiver
Mon jardin ce n'est pas un jardin c'est la plaine
Mon chemin ce n'est pas un chemin c'est la neige
Mon pays ce n'est pas un pays c'est l'hiver

Dans la blanche cérémonie
Où la neige au vent se marie
Dans ce pays de *poudrerie*[1]
Mon père a fait bâtir maison
Et je m'en vais être fidèle
À sa manière à son modèle
La chambre d'amis sera telle
Qu'on viendra des autres saisons
Pour se bâtir à côté d'elle

Mon pays ce n'est pas un pays c'est l'hiver
Mon refrain ce n'est pas un refrain c'est *rafale*[2]
Ma maison ce n'est pas ma maison c'est froidure
Mon pays ce n'est pas un pays c'est l'hiver

De mon grand pays solitaire
Je crie avant que de me taire
À tous les hommes de la terre
Ma maison c'est votre maison
Entre mes quatre murs de glace
Je mets mon temps et mon espace
À préparer le feu la place
Pour les humains de l'horizon
Et les humains sont de ma race

---

[1] *powder snow*

[2] coup de vent violent

Mon pays ce n'est pas un pays c'est l'*envers*[3]
D'un pays qui n'était ni pays ni patrie
Ma chanson ce n'est pas ma chanson c'est ma vie
C'est pour toi que je veux posséder mes hivers...

———
[3] contraire

Avec les vieux mots

UN PEU D'HISTOIRE

Évolution de la langue française

- Premier siècle avant Jésus-Christ: Les Romains occupent la Gaule (l'ancien nom de la France) et imposent leur langue, le latin, à ses habitants.

- Du premier siècle au huitième siècle: Le latin se transforme peu à peu et devient le roman, puis le français.

- Quatorzième siècle: Le français est la langue officielle, non seulement de la France mais de l'Angleterre. Les actes juridiques, les lois sont *rédigés* en français.   écrits

- Quinzième siècle: En France, le français remplace le latin dans le domaine scientifique. Le latin reste la langue de l'église.

- Dix-huitième siècle: Le français devient la langue universelle de l'aristocratie européenne. On parle français à Versailles, mais aussi à la cour d'Autriche, à la cour de Russie, à la cour de Pologne, à la cour de Prusse. Un observateur allemand remarque avec ironie et indignation que «les Allemands utilisent le français pour la conversation, et ne parlent allemand qu'avec leurs chevaux.»

  L'alliance franco-américaine pendant la Guerre d'Indépendance rend le français très populaire aux États-Unis. Washington ne parlait pas français mais il comprenait cette langue... avec quelques difficultés. John Adams, Benjamin Franklin et Thomas Jefferson, qui *furent* ambassadeurs des États-Unis en France, s'exprimaient assez   passé simple: être
  bien en français. Alexandre Hamilton parlait couramment français. Quant à Thomas Paine, il *reçut* la nationalité française,   passé simple: recevoir
  mais ne parla jamais français.

- Dix-neuvième siècle: Le français devient la langue diplomatique universelle. En 1887, la Triple Alliance, qui était un traité contre la France, *fut* rédigée en français!   passé simple: être

  Le français est aussi la première langue étrangère enseignée dans les écoles d'Europe et d'Amérique.

- Vingtième siècle: Au début du vingtième siècle, le français perd sa vitalité comme langue internationale. Dans le domaine commercial, il a été remplacé par l'anglais. Aujourd'hui, le français joue un rôle important dans les domaines de l'éducation et de la diplomatie. C'est l'une des cinq langues officielles utilisées aux Nations Unies. Depuis 1960, l'usage du français comme langue nationale dans un grand nombre de nations africaines et le développement de la francophonie redonnent un nouveau prestige à cette langue.

224 *C'est comme ça*

DOSSIER 20

Sources
africaines

DOCUMENT_____

Les Jets DC8 AIR AFRIQUE à la rencontre du temps...

VOCABULAIRE: Les pays du Tiers Monde [*Third World*]

AUTREFOIS:

Le colonialisme

Les colons résident dans **les colonies.**

Le colonisateur vient de l'extérieur du pays.

Le colonisé est originaire du pays.

L'esclavage

Dans certaines colonies, on utilisait **des esclaves** [*slaves*].

Certains militants luttaient pour **l'abolition de l'esclavage.**

Le racisme

La lutte contre le racisme continue.

AUJOURD'HUI:

L'indépendance

Les colonies d'autrefois sont maintenant **des pays indépendants.**

Les pays **développés** aident **les pays du Tiers Monde:** ce sont **des pays sous-développés** ou **des pays en voie de développement.**

Le progrès économique

Les signes du progrès: **l'expansion**

la croissance [*growth*]

le développement des richesses naturelles

la richesse

le plein emploi [*full employment*]

l'essor démographique [*population growth*]

Et quelques problèmes: **la pauvreté** de la population

le chômage [*unemployment*]

la faim [*hunger*]

la surpopulation

UN PEU D'HISTOIRE

L'Afrique francophone

Si la francophonie tend à se développer, c'est surtout parce qu'un grand nombre de nations africaines ont choisi le français comme langue officielle et comme langue nationale. Aujourd'hui, les relations franco-africaines sont très cordiales. Elles représentent l'épilogue heureux d'une longue histoire qui, elle, ne *fut* pas toujours heureuse. | *passé simple : être*

Cette histoire remonte à 300 ans et commence non pas en Afrique mais aux *Antilles*. À cette époque-là, des colons français s'implantèrent dans plusieurs îles de la région: Sainte-Lucie, la Guadeloupe, la Martinique et surtout Saint-Domingue, qui allait devenir Haïti. Ces colons y développèrent un système de plantation qui nécessitait *une main d'œuvre* très abondante. Imitant leurs voisins anglais, espagnols et portugais, ils *résolurent* ce problème en instituant l'esclavage et en faisant venir des milliers d'esclaves d'Afrique. Championne des libertés humaines et indignée par les abus de la colonisation, la Révolution française supprima l'esclavage en 1794. Ce ne fut qu'une mesure temporaire car Napoléon rétablit celui-ci en 1804. Ceci provoqua la révolte des esclaves en Haïti, qui *devint* le premier état noir indépendant. L'esclavage fut définitivement aboli dans les colonies françaises en 1848. Aujourd'hui, la Guadeloupe et la Martinique constituent des départements *d'outre-mer* et font partie du territoire français. | *îles de la Mer Caraïbe* — *work force* / *passé simple : résoudre* — *passé simple : devenir* — *overseas*

Dans la seconde moitié du 19ème siècle, la France décida de se constituer un empire colonial. Elle s'installa en Afrique, qu'elle partagea avec l'Angleterre, l'Espagne, le Portugal, la Belgique. (Au début du 20ème siècle, l'Afrique comptait deux nations totalement indépendantes: le Libéria et l'Éthiopie.) Cet empire ne dura pas. Les aspirations nationalistes des peuples africains et la pression internationale obligèrent la France à accorder l'autonomie, puis l'indépendance à ses colonies. Cette indépendance devint un fait au début des années 1960.

La décolonisation de l'Afrique noire francophone se fit sans *heurt* et sans *rancune*. Aujourd'hui, de nombreux programmes d'assistance technique et culturelle concrétisent l'amitié qui existe entre la France et les jeunes républiques africaines. | *choc* / *rancor*

ACTIVITÉ: **Problèmes**

Des problèmes suivants, dites quel est celui, selon vous, qui est (a) le plus sérieux et (b) le moins sérieux pour les pays ci-dessous.

Problèmes:
la pauvreté
l'absence de ressources naturelles
le chômage
l'inflation
le racisme
la faim
la surpopulation
l'analphabétisme [*illiteracy*]
la maladie

Pays:
la Chine
l'Inde
l'Égypte
l'Afrique du Sud
les États-Unis
les pays arabes
Israël
Haïti
la France
le Mexique
l'Angleterre
le Brésil

ACTIVITÉ: **Atouts**

Pour les mêmes pays, dites quel est l'atout [*advantage*] principal parmi les considérations suivantes.

1. le système de gouvernement
2. le niveau d'instruction
3. les ressources minérales
4. les sources d'énergie
5. le potentiel touristique
6. l'agriculture
7. l'industrie
8. l'enthousiasme de la population

ACTIVITÉ: **D'accord?**

Dites si vous êtes d'accord (totalement, partiellement, pas du tout) avec les opinions suivantes.   Expliquez votre position.

1. Les États-Unis sont un pays impérialiste.
2. Aujourd'hui, l'indépendance économique a remplacé l'indépendance politique.
3. Les États-Unis ont un intérêt économique en Afrique.
4. Les États-Unis ont un intérêt militaire en Afrique.
5. Le communisme constitue le plus grand danger pour l'Afrique d'aujourd'hui.
6. L'Afrique est le continent de l'avenir.
7. Les pays africains sont des pays démocratiques.

8. La neutralité de l'Afrique est une condition de la paix dans le monde.
9. Les pays développés exploitent toujours les pays sous-développés.
10. Les pays développés ont une obligation morale à aider les pays du Tiers Monde.
11. Aujourd'hui, les Nations Unies sont dominées par les pays du Tiers Monde.
12. Les États-Unis devraient quitter les Nations Unies.

ACTIVITÉ: Études

1. Faites une brève étude de l'une des minorités américaines que vous choisirez (noire, mexicaine, portoricaine, cubaine, indienne, etc.). Vous pouvez explorer les éléments suivants.
   a. Histoire: Comment s'explique historiquement la présence de cette minorité aux États-Unis?
   b. Géographie: Est-ce que cette minorité est géographiquement dispersée ou bien est-elle concentrée (dans certaines régions, dans certains états, dans certaines grandes villes)?
   c. Aspects culturels, socioéconomiques, politiques: Quelles sont les caractéristiques culturelles de cette minorité? En quoi sont-elles différentes de celles de la majorité des Américains? Quelles sont les conditions de vie de cette minorité? Quelles sont ses aspirations politiques? Comment a-t-elle tendance à voter? Existe-t-il un élément révolutionnaire?
   d. Personnalités: Quels sont les représentants de cette minorité dans les domaines suivants: vie politique, arts, littérature, sports, spectacles (cinéma, théâtre, télévision)?

2. Faites le portrait d'un représentant célèbre d'une minorité américaine. Vous pouvez vous inspirer de l'un des portraits que vous avez lus.

QUATRE PORTRAITS

Joseph de Saint-Georges *(1745?—1799):*

On n'est pas sûr de la date de sa naissance. On sait seulement qu'il était le fils illégitime d'un aristocrate français établi à la Guadeloupe et d'une esclave noire. Son père le *reconnut* et l'envoya en France. Là, il se distingua par ses talents d'*escrimeur*. C'était le meilleur *épéiste* de son temps. Il devint mousquetaire, capitaine des gardes, colonel d'un régiment. Il participa aux combats de la Révolution française. Arrêté sous la Terreur et emprisonné, il échappa de peu à la guillotine.

passé simple : reconnaître

fencer

swordfighter

 Joseph de Saint-Georges n'était pas seulement un soldat, mais aussi un musicien de talent. Il composa trois sonates pour violon, une sonate pour flûte et harpe, douze concertos pour violon et plusieurs symphonies.

Alexandre Dumas *(1802—1870):*

Son père était un général de Napoléon. Sa grand-mère était une esclave de Saint-Domingue. Alexandre Dumas *fut* l'auteur français le plus populaire du 19ème siècle et aussi le plus prolifique. Il écrivit plus de 300 romans. Certains de ces romans (*Le Comte de Monte Cristo, Les Trois Mousquetaires*) *eurent* un succès extraordinaire. Ils sont encore lus aujourd'hui.

passé simple : être

passé simple : avoir

 Écrivain, journaliste, directeur de revues et de théâtre, Alexandre Dumas amassa une fortune considérable... et *mourut* ruiné.

passé simple : mourir

Aimé Césaire *(1913–   ):*

Originaire de la Martinique, Aimé Césaire *fit* ses études universitaires à Paris. Là, il rencontra d'autres étudiants noirs (Léopold Senghor, Léon Damas) et fonda avec eux un journal qu'il intitula l'*Étudiant noir*. C'est dans ce journal qu'il utilisa pour la première fois le terme de *négritude*.

passé simple : faire

Qu'est-ce que la négritude? La négritude est d'abord la reconnaissance de soi-même. Cette prise de conscience part d'un fait fondamental: un Noir n'est pas un Blanc. Il a sa personnalité, sa culture, son système de valeur, sa façon de percevoir et de comprendre l'univers qui ne sont pas celles du Blanc. Pour exprimer cette personnalité noire distincte, Césaire choisit la poésie. En 1939, il publia un recueil de poèmes intitulé *Cahier d'un retour au pays natal*.

La prise de conscience d'une culture spécifique n'est qu'une première étape. Le Noir doit ensuite prendre en charge son histoire et sa destinée. Il doit refuser l'assimilation que lui propose le Blanc. Césaire exprima ceci dans un essai intitulé «Discours sur le colonialisme». Mais à elle seule, la littérature ne suffit pas. Césaire choisit alors la politique comme instrument de libération. Il retourna à la Martinique et fut élu député de l'île et maire de Fort-de-France, la capitale. Tenté par le communisme, il décida d'abandonner celui-ci pour une politique beaucoup plus autonome. Aujourd'hui, il continue à lutter pour son peuple.

Léopold Senghor (1906–   ):

Léopold Senghor est le produit de la culture africaine et de la culture française. Originaire du Sénégal, il continua ses études en France. Sa carrière est parallèle à celle d'Aimé Césaire, qu'il rencontra à Paris et avec qui il fonda l'*Étudiant noir*. Lui aussi fut un brillant intellectuel et un grand poète. Lui aussi choisit la politique comme mode d'action.

En 1939, Senghor fut mobilisé dans l'armée française et *combattit* pour la France. Peu après, il fut fait prisonnier et envoyé en Allemagne. Dans les camps nazis, Senghor rêvait de liberté—pour lui, mais surtout pour son peuple. C'était un rêve *lointain*. Le Sénégal était alors une colonie dont les administrateurs étaient nommés par la France. Après la libération de la France, Senghor décida d'entrer dans la politique. S'il voulait avoir une action efficace, il fallait que celle-ci s'*exerçat* d'abord dans le cadre de la vie politique française. En 1946, Senghor fut élu député à l'Assemblée Nationale. Plus tard, il participa au gouvernement. Il fut nommé Secrétaire d'État à la Présidence du Conseil. Ce n'était qu'un premier pas, un moyen pour réaliser son véritable objectif: l'indépendance du Sénégal. Senghor discuta de celle-ci avec le général de Gaulle et finalement *obtint gain de cause*.

En 1960, le Sénégal *devint* une république indépendante. Léopold Senghor en a été le premier président. Aujourd'hui, il reste l'un des représentants les plus *marquants* de la nouvelle Afrique.

passé simple: combattre

distant

imperfect subjunctive:
exercer

gagna
passé simple: devenir

importants

FLASH ∿∿∿∿∿∿∿∿∿∿∿∿∿∿∿∿∿∿∿∿∿
La négritude

La colonisation *eut* comme conséquence indirecte le développement d'une riche littérature d'expression française mais d'inspiration négro-africaine. Cette littérature n'est pas née en Afrique, mais à Paris dans les années 1930. À cette époque, Paris était la capitale de l'empire français et *attirait* l'élite intellectuelle des colonies.

passé simple: avoir

attracted

Malgré leur diversité d'origine (africaine, antillaise, guyanaise), de nombreux étudiants noirs *prirent* conscience du lien commun que représentait la couleur. Au lieu d'accepter l'assimilation, ils affirmèrent l'existence d'une personnalité et d'une sensibilité noires et la nécessité de redécouvrir celles-ci. Ainsi *naquit* le concept de «négritude», qui pour Senghor représente «le patrimoine culturel, les valeurs et surtout l'esprit de la civilisation négro-africaine».

passé simple: prendre

est né

Voici comment s'exprime Léon Damas, poète guyanais et l'un des premiers interprètes de la négritude:

Jamais le Blanc ne sera nègre
car la beauté est nègre
et nègre la sagesse
car l'endurance est nègre
et nègre le courage
car la patience est nègre
et nègre l'ironie
car le charme est nègre
et nègre la magie
car l'amour est nègre
et nègre le *déhanchement*[1]
car la danse est nègre
et nègre le rythme
car l'art est nègre
et nègre le mouvement
car le rire est nègre
car la joie est nègre
car la paix est nègre
car la vie est nègre

Black-Label

---
[1] façon particulière de marcher

ACTIVITÉ: Étude: La littérature noire américaine

Analysez brièvement la littérature noire américaine en répondant aux questions suivantes.

1. Y a-t-il une littérature noire américaine?
2. Qui sont les premiers représentants de cette littérature? Est-ce que ce sont des romanciers? des poètes? des pamphlétaires? Qu'ont-ils écrit?
3. Quels sont les écrivains noirs américains actuels? Qu'est-ce qu'ils ont écrit?
4. Quels sont les thèmes de la littérature noire américaine actuelle? Comment est-ce que cette littérature diffère de l'ensemble de la littérature américaine? En quoi est-elle semblable? Est-ce qu'elle est révolutionnaire? Est-ce qu'elle propose aussi le thème de la négritude?

PORTRAIT

Le roi Christophe

Connaissez-vous l'histoire d'Haïti? Haïti a la distinction d'avoir été le premier état indépendant noir. C'est aujourd'hui une république. Avant d'être une république, Haïti a été un empire et aussi un royaume. Le premier et unique roi d'Haïti s'appelle Henri Christophe. Voici l'histoire de ce fameux roi.

Henri Christophe *naquit* en 1767. Sa famille n'était pas une fa- est né
mille royale, mais une famille d'esclaves, comme la majorité des familles noires de Saint-Domingue (l'ancien nom d'Haïti). À cette époque, en effet, cette île était une colonie française où les Blancs possédaient d'immenses plantations et les Noirs travaillaient comme esclaves.

Le jeune Christophe était un garçon intelligent, aventureux, très actif. En 1779, il *prit part* à son premier combat pour la liberté. Les participa
États-Unis étaient alors en pleine guerre d'Indépendance et la France était leur alliée. Le maître de Christophe était officier dans la marine française sur un bateau qui participa au siège de Savannah, en Géorgie. Au cours du combat, le jeune Christophe *fut* blessé: il avait passé simple : être
juste douze ans.

Mais c'est dans le combat pour l'indépendance de son pays que Christophe allait s'illustrer. En 1791, en effet, les esclaves noirs de Saint-Domingue se révoltèrent contre les planteurs blancs. Leur chef, passé simple:
Toussaint Louverture, *reconnut* vite la valeur militaire de Christophe reconnaître

et nomma celui-ci général. Bientôt, les Noirs furent victorieux et proclamèrent leur indépendance. Malheureusement pour eux, Napoléon, qui était alors le chef des Français, décida de reconquérir Saint-Domingue. Il envoya 20.000 hommes commandés par son beau-frère, le général Leclerc. En arrivant à Saint-Domingue, Leclerc demanda aux Noirs de se rendre. Christophe fut chargé de transmettre leur réponse: «Jamais!» La guerre recommença. Au début, les Noirs *connurent* des défaites et leur chef, Toussaint Louverture, fut capturé. Cet événement *eut* comme effet de stimuler la résistance des anciens esclaves. Christophe, promu général en chef, battit l'armée française, qui fut obligée de capituler. Le premier janvier 1804, Saint-Domingue *devint* un état indépendant et *prit* le nom d'Haïti.

passé simple : connaître
passé simple : avoir

passé simple : devenir
passé simple : prendre

Quelques années plus tard, Christophe fut nommé président de la République d'Haïti. Mais ce chef était un homme qui aimait les honneurs. Le titre de président ne lui suffisait plus. Il décida d'être roi. En 1811, Christophe se déclara roi et devint Henri Premier. Il créa une aristocratie, des princes, des ducs, des barons. (Parmi les princes, on pouvait remarquer un Noir américain, le prince Sanders, né en Nouvelle-Angleterre et ancien élève de Dartmouth Collège!) Le nouveau roi *construisit* de magnifiques châteaux. Pour protéger Haïti contre le retour toujours possible des Français, il construisit aussi une énorme forteresse, la citadelle Henri. (Cette forteresse reste l'un des monuments les plus importants et les plus étranges du continent américain. Aujourd'hui cette immense citadelle domine encore l'île!)

passé simple : construire

Henri Christophe fut un administrateur intelligent. Il créa des écoles. Il organisa l'armée. Il développa l'agriculture et l'industrie. Il favorisa le commerce extérieur. Malheureusement, ce champion de la liberté se transforma vite en véritable tyran. En 1820, ses officiers se révoltèrent contre lui. Henri Christophe n'accepta pas cette rébellion. Ce roi extravagant *mourut* en commettant l'extravagance suprême: il se suicida.

passé simple : mourir

DOSSIER 21

L'Amérique vue par les Français

DOCUMENTS_____

Produits américains... publicité française!

En France et ailleurs 237

UN PEU D'HISTOIRE

Quelques pages moins connues de l'histoire franco-américaine

- 1775–1789   La jeune nation américaine a besoin de l'aide militaire et financière de la France.   Pour obtenir celle-ci, le Congrès envoie son premier ambassadeur à Versailles.   C'est un vieillard affable et débonnaire.   Il s'appelle Benjamin Franklin.   À Versailles, Benjamin Franklin fera la conquête des Français... et de plusieurs Françaises.   Il sera remplacé en 1785 par Thomas Jefferson.   Celui-ci assiste au début de la Révolution française pour qui il exprime ses sympathies.

- 1793   Thomas Paine arrive à Paris et obtient la nationalité française.   Il sait à peine parler français, mais il est cependant élu député à la Convention Nationale.   Il est emprisonné pour avoir condamné les excès du gouvernement et échappe *de peu* à la guillotine.   *narrowly*

- 1859   Un acrobate français, Charles Blondin, réalise le rêve de sa vie: traverser les chutes du Niagara sur une *corde raide*.   Blondin   *tightrope* répète l'exploit sur une bicyclette, dans un sac, avec un homme sur le dos et finalement, *les yeux bandés*.   *blindfolded*

- 1876–1886   Pour commémorer le centième anniversaire de la Déclaration de l'Indépendance, la France décide de faire un cadeau exceptionnel aux États-Unis.   Ce sera la Statue de la Liberté.   La municipalité de Paris ouvre une souscription publique et commissionne le plus grand sculpteur de l'époque, Bartholdi.   Celui-ci travaille jour et nuit sur ce projet.   Finalement la statue arrive à New York... avec dix ans de retard.

- 1903   Une femme de lettres américaine, Gertrude Stein, s'installe à Paris.   Là, elle découvrira un groupe d'artistes *faméliques:* Picasso,   *tourmentés par la faim* Matisse, Juan Gris et d'autres.   En achetant leurs premiers tableaux, elle les *empêche* de mourir de faim.   Elle leur ouvre aussi les   *prevents* portes de la gloire.

- 1905   Théodore Roosevelt nomme un nouveau Secrétaire d'État à la Marine.   Cet homme s'appelle Charles Joseph Bonaparte.   C'est le petit-neveu de Napoléon!   En 1905, Charles Joseph Bonaparte sera nommé Procureur Général des États-Unis.

- 1927   Les Parisiens font un accueil triomphal au héros du jour: c'est un Américain de 25 ans.   Il s'appelle Charles Lindbergh et il vient de traverser l'Atlantique Nord en solo.

- 1944 Hemingway est l'un des premiers Américains à entrer à Paris, qui vient d'être libéré de l'occupation allemande.

- 1961 Le Président Kennedy arrive en visite officielle à Paris. Il a un tête-à-tête historique avec Charles de Gaulle. Mais pour les Parisiens, il se présente simplement comme «l'homme qui accompagne Jacqueline Kennedy en France.»

VOCABULAIRE: La vie politique aux États-Unis

L'histoire du pays

la guerre [*war*]: La Révolution américaine était **une guerre** d'indépendance.

la paix [*peace*]: Les Nations Unies doivent maintenir **la paix.**

la démocratie: La Constitution protège **la démocratie** aux États-Unis.

les droits [*rights*]: Chaque individu a ses **droits.**

la liberté: La liberté de la presse est une liberté essentielle.

Le gouvernement américain

une élection: Les élections ont lieu au mois de novembre.

le président: Le président est **élu** [*elected*] tous les quatre ans.

le congrès: Le congrès américain a deux **chambres.**

un sénateur: Les sénateurs travaillent au **Sénat.**

un député [*representative*]: **Les députés** siègent à **la Chambre des Députés.**

Le juge: Les juges à la Cour Suprême sont nommés par le président.

Les Américains vus par les Français

«Les Allemands sont des gens travailleurs et disciplinés», «les Français sont des don Juan», «les Italiens préfèrent la musique au travail», etc....

Caricatures, généralisations, stéréotypes courants que vous avez certainement entendus un jour ou l'autre. Les Français, eux aussi, ont leur façon de stéréotyper les gens. Voici certaines réflexions que l'on entend souvent en France au sujet des Américains. Ne vous étonnez pas si certaines de ces réflexions sont contradictoires. Après tout, le «Français-type» n'est-il pas illogique et inconsistant?

CRITIQUES

—Les Américains sont un peuple sans passé. Ils n'ont pas de culture. Pour eux, l'histoire ne signifie rien.

—Ils sont naïfs. Ce sont de grands enfants.

—Ils sont intelligents, mais n'ont pas d'esprit.

—C'est un peuple dominateur qui veut partout imposer sa volonté. Regardez: la Corée, le Vietnam... Aujourd'hui, avec leurs produits et leurs industries, ils veulent imposer leur matérialisme à l'Europe.

—Les Américains ont été sur *la lune,* mais ils n'ont pas encore découvert l'art de bien manger.   *moon*

—Les Américaines sont jolies mais elles ne savent pas s'habiller.

—Les États-Unis sont *complexés* par leurs propres problèmes, même si ces problèmes n'ont pas d'importance.   *tourmentés*

—Les Américains sont obsédés par l'argent, le succès et le confort. Il n'y a que cela qui compte pour eux.

—Aux États-Unis les relations entre les individus sont très superficielles. On a beaucoup de connaissances, mais pas d'amis. L'amitié durable est quelque chose qui n'existe pas.

—Les Américains sont intolérants. Ils n'admettent pas la défaite.

—Ils n'ont pas le sens du ridicule.

—Les Américains ont de quoi vivre, mais ils n'ont pas de savoir-vivre.

COMPLIMENTS

—Les Américains sont directs et francs. Ils disent ce qu'ils pensent. Ils n'ont pas d'*arrière-pensées.*   *intention non-exprimée*

—Ils sont honnêtes. C'est le peuple le plus honnête de la terre.

—Les Américains ont le courage de reconnaître leurs erreurs. Ils ont assez d'énergie et de volonté pour les rectifier.

—La force des États-Unis est de ne pas être prisonniers des traditions *désuètes* et des institutions archaïques. Les Américains sont tournés vers l'avenir et non pas vers le passé. Ils ont l'esprit d'initiative.

archaïques

—Les Américains sont des gens disciplinés. Cela ne les empêche pas de croire à la démocratie et de respecter l'individu. Les États-Unis sont le pays le plus démocratique de monde. Là-bas chacun a droit à la parole.

—La société américaine est une société ouverte. Les préjugés de classe n'existent pas. Il n'y a pas de tabous sociaux. Voilà pourquoi il est possible de *nouer* des liens d'amitié avec un Américain ou une Américaine même à la première rencontre.

développer

—Les Américains sont généreux et tolérants. Ils acceptent le dialogue.

ACTIVITÉ: Analyse

1. Le problème avec les généralisations est qu'elles contiennent souvent un élément de vérité. Analysez chacun des jugements portés par les Français sur les Américains. Dites si ce jugement est totalement justifié, partiellement vrai, exagéré ou faux.
2. Choisissez trois jugements qui vous semblent particulièrement intéressants à commenter. Si vous êtes d'accord avec ces jugements, illustrez-les par des exemples historiques ou personnels. (Si vous voulez parler de l'honnêteté des Américains, vous pouvez parler de Watergate, par exemple.) Si vous n'êtes pas d'accord avec ces jugements, contredisez-les—aussi par des exemples historiques ou personnels.

ACTIVITÉ: À votre tour

D'après vous, quels sont les jugements que les Américains portent sur les Français? Faites trois compliments et trois critiques. Comme phrases-modèles, vous pouvez utiliser les compliments et les critiques que vous avez lus.

Impressions d'Amérique

Pour juger un pays, rien ne vaut le contact avec la réalité. Nous avons demandé à quatre jeunes Français qui ont été aux États-Unis de vous décrire leurs impressions. Voici leurs réponses.

Yolande Descroix (*21 ans, étudiante en anglais*):

J'ai passé une année à l'Université du Colorado. J'ai beaucoup aimé. D'abord les contacts humains sont très faciles. Il y a toujours quelqu'un pour vous aider, pour vous donner un renseignement et même pour vous inviter. On n'est jamais isolé, on ne se sent jamais seul. Ce qui m'a beaucoup frappé aussi, c'est la beauté du pays. J'ai acheté une voiture d'occasion avec des amis et nous avons beaucoup voyagé, surtout dans l'Ouest. Nous avons visité l'Arizona, le Nouveau Mexique, le Bryce Canyon, dans le Sud de l'Utah... Les paysages sont extraordinaires. Je ne croyais pas que cela existait!

Bertrand Marceau (*20 ans, étudiant*):

J'ai passé neuf mois dans un petit collège du New Hampshire. (Je serai discret et je ne dirai pas lequel.) Je dois dire que je ne me suis pas particulièrement amusé pendant ces neuf mois. Évidemment, il y a les surprises-parties du vendredi soir et les matchs de football du samedi, mais cela devient vite monotone. Et puis, je n'aime pas voir toujours les mêmes têtes. Qu'est-ce qu'on peut faire dans un pays où il neige de novembre à avril?

Bruno Maynard (*30 ans, ingénieur*):

Je travaille pour une firme américaine à Paris. L'année dernière, je suis venu faire *un stage* à New York. J'ai passé six mois là-bas. J'avais entendu beaucoup de choses sur cette ville, mais je ne croyais pas que c'était comme cela. J'ai été *effrayé* par la criminalité et la violence qui règnent. Impossible de sortir dans les rues après six heures du soir. Les crimes sont d'ailleurs si fréquents que les journaux n'en parlent pas, sauf lorsqu'il s'agit de multiples assassinats ou lorsque la victime est un acteur ou une actrice connue. Mais ce n'est pas cela qui m'a choqué le plus... Ce qui m'a vraiment scandalisé c'est la disparité dans les niveaux de vie. La richesse la plus insolente coexistait avec la misère la plus désespérée. J'ai trouvé cela plus que scandaleux. J'ai trouvé cela obscène.

internship

alarmé

Sylvie Berthelot (*25 ans, journaliste*):

J'ai passé un mois à Washington. J'y suis venue pour faire un reportage sur les élections américaines. Au début, j'étais prisonnière de mes préjugés. Je croyais que nous, les Français, nous avions le monopole de la culture et que les Américains n'avaient rien à offrir. En fait, je me suis très vite aperçue de mon erreur. J'ai visité beaucoup d'expositions. J'ai vu beaucoup de pièces de théâtre d'avant-garde. J'ai lu beaucoup et finalement je me suis rendu compte que sur le plan culturel, les Américains sont beaucoup plus innovateurs que nous.

ACTIVITÉ: Études

1. Analysez chacune des opinions exprimées ci-dessus. Dites ce en quoi vous êtes d'accord et ce en quoi vous d'êtes pas d'accord.

2. Imaginez que vous avez plusieurs amis en France. Ceux-ci ont décidé de visiter les États-Unis et vous demandent conseil. Pour chacune de ces personnes, composez un paragraphe où vous lui indiquerez vos conseils: où aller, ce qui est à voir, à ne pas voir, à faire, à éviter. (Vous pouvez commencer vos phrases par **vous devez** ou **vous pouvez**.) Voici la liste des visiteurs.

un élève de lycée (15 ans)
une étudiante de 19 ans qui s'intéresse à la musique
un jeune couple qui n'a pas beaucoup d'argent
un étudiant de 21 ans qui veut continuer ses études aux États-Unis
un homme d'affaires riche (45 ans)
une journaliste qui s'intéresse aux différentes ethnies américaines
un journaliste qui s'intéresse à la politique
une jeune architecte
un fanatique de jazz
un passionné de la nature
un professeur qui fait des recherches sur les minorités francophones aux États-Unis
un couple de retraités (65 ans)

ACTIVITÉ: Si...

Complétez les phrases suivantes avec une expression de votre choix.

1. Si je voulais être président(e)...
2. Si j'étais président(e)...
3. Si je voulais réformer la société...

ACTIVITÉ: Opinions

1. Que pensez-vous du président actuel? Pourquoi?
2. Selon vous, quel a été le plus grand président des États-Unis? Expliquez.
3. Que pensez-vous des sénateurs de votre état? Pourquoi?
4. Selon vous, quel est le plus grand problème actuel? la pollution? le problème de l'énergie? la violence et le crime? la corruption? la pauvreté?
5. Si vous étiez sénateur, quelles réformes proposeriez-vous?
6. Selon vous, est-ce que les États-Unis ont une politique internationale intelligente? Expliquez.

Le passé simple

The passé simple is used to relate specific facts or actions completed at a given moment in the past. The tense is primarily used in written French and occurs commonly in the third person. It is important to recognize the tense in reading; in speaking, it is often replaced by the passé composé.

Regular verbs form the passé simple as follows:

Infinitive	*Third Person Singular*	*Third Person Plural*
parler	il parl**a**	ils parl**èrent**
finir	il fin**it**	ils fin**irent**
vendre	il vend**it**	ils vend**irent**

The following irregular verbs appear in this book in the passé simple:

apparaître (*to appear*)	il apparut	ils apparurent
avoir (*to have*)	il **eut**	ils **eurent**
battre (*to beat*)	il battit	ils battirent
combattre (*to fight*)	il combattit	ils combattirent
connaître (*to know*)	il connut	ils connurent
conquérir (*to conquer*)	il conquit	ils conquirent
construire (*to construct*)	il construisit	ils construisirent
devenir (*to become*)	il devint	ils devinrent
écrire (*to write*)	il écrivit	ils écrivirent
être (*to be*)	il **fut**	ils **furent**
faire (*to do, make*)	il **fit**	ils **firent**
interdire (*to forbid*)	il interdit	ils interdirent
introduire (*to introduce*)	il introduisit	ils introduisirent
mourir (*to die*)	il mourut	ils moururent
naître (*to be born*)	il naquit	ils naquirent
obtenir (*to obtain*)	il obtint	ils obtinrent
offrir (*to offer*)	il offrit	ils offrirent
prendre (*to take*)	il prit	ils prirent
reconnaître (*to recognize*)	il reconnut	ils reconnurent
résoudre (*to resolve*)	il résolut	ils résolurent
revenir (*to come back*)	il revint	ils revinrent
venir (*to come*)	il vint	ils vinrent

VOCABULAIRE FRANÇAIS-ANGLAIS

This vocabulary contains all the words that appear in the text except obvious cognates and high-frequency items taught in the early part of a beginning French course. Verbs are listed in the infinitive form. (Note: The passé simple verb forms are given in the Appendix.)

The following abbreviations are used: *f* feminine; *m* masculine; *pl* plural; *inv* invariable adjective; *p part.* past participle.

A

à: à deux in twos; as a couple

    à peu près about, approximately

abandonner to quit, to give up; to abandon

abattre to kill

absolument absolutely

abus (*m*) excess

abuser de to misuse, to overindulge in, to use too frequently

accélérateur (*m*) gas pedal

accélérer to accelerate, to speed up

accomplir to carry out, to accomplish

accord (*m*) agreement

    être d'accord to be in agreement

accoutumance (*f*) habit

s'accoutumer à to become accustomed to

accroissement (*m*) increase

accueil (*m*) welcome

achat (*m*) purchase

acquéreur (*m*) buyer

acquérir to acquire, to attain, to get

acteur (*m*), **actrice** (*f*) actor, actress

actualités (*f pl*) news; newsreels

actuel (actuelle) present; of today

actuellement now, at present

admis: être admis to pass (an exam)

affable pleasant

affaiblir to weaken

affaires (*f pl*) business

affluence (*f*): **les heures d'affluence** rush hour

âge (*m*): **le troisième âge** the "golden" years; retirement years

âgé older

    âgé de 15 à 20 ans between the ages of 15 and 20

aggraver to aggravate; to make more serious

agir to act

    il s'agissait de it was a question of

aiguille (*f*) needle; hand (of a watch)

ailleurs elsewhere

    d'ailleurs besides, moreover

amiable pleasant

aimer: aimer bien to like

air (*m*): **avoir l'air de** to seem to

aisément easily

ajouter to add

alcootest (*m*) alcohol breath test

alerte à danger; watch out for

alimenter to nourish, to feed

allemand German

aller: s'en aller to go away

ambiance (*f*) atmosphere

âme (*f*) spirit, soul

amélioration (*f*) improvement

améliorer to improve
amener to bring
amitié (f) friendship
amnistier to grant amnesty to; to pardon
amoureux (amoureuse) in love
s'amuser to have fun
analphabétisme (m) illiteracy
ancien (ancienne) ancient, old; former
    les Anciens Ancients; people of long ago
ancrer to anchor
ange (m) angel
Angleterre (f) England
angoissé distressed, anguished
anneau (m), anneaux (pl) ring
annonce (f): une petite annonce classified ad
anoblir to raise to noble rank
antiquaire (m) antique dealer
apercevoir to notice
    s'apercevoir de to notice
apparaître to appear
appareil (m) apparatus; machine
apparemment apparently
appartenir à to belong to
appeler to call
apporter to bring
appuyer to lean
    appuyer sur le frein to step on the brake
après after; afterwards
    d'après according to
ardu arduous, difficult
argent (m) money; silver
argot (m) slang
arrêter to arrest
    s'arrêter to stop
arrière-pensée (f) afterthought
arriver to arrive; to happen
assez enough; rather
assistant social (m), assistante sociale (f)
    social worker
assister à to attend, to go to
assujettissement (m) subjection, subjugation
assurances (f pl) insurance
astre (m) star
athée (m) atheist
atout (m) trump (in bridge); advantage
atroce atrocious, terrible
s'attaquer à to attack
atteindre to attain; to reach
attendre to wait for

attention (f): faire attention to pay attention
    attention! careful!
atténuer to attenuate, to weaken
attirer to attract
aucun any
    ne... aucun not any, none
augmentation (f) increase
augmenter to increase
aussi as
    aussi... que as... as
auto-critique (f) self-criticism
automate (m) robot
autoroute (f) superhighway
autre other
    un autre another
autrefois in the past, formerly
autrement otherwise·
avance (f): à l'avance in advance, ahead of
    time
    avoir de l'avance to be early
    d'avance ahead of time, early
    en avance ahead of time, early
    en avance sur ahead of
avancer to advance; to be fast, to run fast
avant before, earlier
    avant de before
    avant tout above all
avare stingy, greedy
avenir (m) future
aveugle blind
avion (m) plane
avocat (m) lawyer
ayez imperative of avoir

B

bachotage (m) cramming
baisser to bend down, to lower
    la vue baisse sight gets worse
bal (m) dance, ball
balancier (m) pendulum
bandé: les yeux bandés blindfold
banlieue (f) suburbs
banque (f) bank
banquier (m) banker
barrage (m) dam; blockade, road block
bateau (m) boat, ship
    un bateau de guerre warship

bâtir to construct
se battre (contre) to fight (against)
beaux-parents (*m pl*) in-laws, parents-in-law
bébé (*m*) child, baby
Belgique (*f*) Belgium
belle-famille (*f*) in-laws
bénéfice (*m*) profit
berger (*m*) shepherd
besoin (*m*): **avoir besoin de** to need
bête silly, stupid
bien: bien des many
bière (*f*) beer
billet (*m*) ticket
blesser to wound
bonbons (*m pl*) candy
bonheur (*m*) happiness
bouche (*f*) mouth
boucher (*m*) butcher
bouchon (*m*) cork
boucler to buckle, to fasten (a belt)
bouger to budge, to be in movement
boulot (*m*) (*slang*) work
Bourgogne (*f*) Burgundy
bout (*m*) end
bouteille (*f*) bottle
bouton (*m*) button
braver to face bravely
bref (brève) short, brief
breton (bretonne) of Brittany
bronzer to tan
brouillé (avec) at odds (with)
bruit (*m*) noise
brûler to burn
bruyant noisy
bulletin (*m*): **un bulletin d'inscription** registration form
bureau (*m*) office; desk
buveur (*m*) drinker
buvez *imperative of* **boire**, to drink

C

cacher to hide
cadeau (*m*) gift, present
    faire un cadeau to offer a gift, to give a present
cadran (*m*) dial
    un cadran solaire sundial
cadre (*m*) executive

cahier (*m*) notebook
calcul (*m*) addition; calculus
    faire le calcul de to add up
calendrier (*m*) calendar
calvitie (*f*) bald spot
campagne (*f*) country, countryside; campaign
capituler to capitulate, to surrender
capsule (*f*) cap (of a bottle)
captiver to captivate; to attract strongly
car (*m*) intercity bus
caractère (*m*) character, personality
carré square
carrosserie (*f*) body (of a car)
cas (*m*) case, situation
casser to break
cause (*f*): **à cause de** because of
ceinture (*f*) belt
    la ceinture de sécurité seatbelt
célibat (*m*) single life, celibacy
célibataire (*m*) single (person)
celle this one, the one
    celle-ci the latter
cellule (*f*) cell, unit
cendres (*f pl*) ashes
censure (*f*) censorship
cerveau (*m*) brain
cesser to stop, cease
ceux those
chacun (chacune) each; each person
chambre (*f*) room; house (of parliament)
chance (*f*) opportunity; luck, good fortune
    porter la chance to bring good luck
changement (*m*) change
chanson (*f*) song
chanteur (*m*) **chanteuse** (*f*) singer
chaque each
charge (*f*): **prendre en charge** to take over; to assume responsibility for
chasse (*f*) hunting
chat (*m*) cat
chatain (*inv*) chestnut, light brown
chauffeur (*m*) driver
chef (*m*) boss, director, head
    un chef d'orchestre conductor
    un chef d'œuvre masterpiece
chemin (*m*) path, road, way
cheminée (*f*) mantelpiece; fireplace
chemise (*f*) shirt
chercher to look for; to get

chercheur (*m*) research scientist
chétif (chétive) weak
cheval (*m*), **chevaux** (*pl*) horse
    une voiture à cheval horse-drawn carriage
cheveux (*m pl*) hair
chez at the home of
    chez les enfants with children, in the case of children
chien (*m*) dog
chiffre (*m*) number
chimie (*f*) chemistry
chimique chemical
chirurgien (*m*) surgeon
choix (*m*) choice
chômage (*m*) unemployment
choquer to shock
chose (*f*) thing
chronomètre (*m*) stopwatch
chute (*f*) fall; waterfall
    la chute des cheveux loss of hair
ci-contre on the opposite page
ci-dessous below
ci-dessus above
ciel (*m*) sky
cimetière (*m*) cemetery
cinéphile (*m*) movie buff
circulation (*f*) traffic
clé (*f*) key
clepsydre (*f*) waterclock
clôture (*f*) closing
cœur (*m*) heart
coffre (*m*) trunk
collectionner to collect
collectionneur (*m*) collector
colon (*m*) colonist
comédien (*m*) **comédienne** (*f*) actor, actress; comedian
commander to command; to give orders; to order
comme like, as; since
commis *p. part. of* **commettre,** to commit
commun: en commun in public
se compliquer to become complicated
complot (*m*) plot
comporter to comprise; to consist of
composé compound
compréhensif (compréhensive) understanding

comprendre to understand; to comprise
compter to count; to number
concerner: en ce qui concerne with respect to
concrétiser to solidify
concurrence (*f*) competition
concurrent (*m*) competitor
condition (*f*): **à condition de** provided (that)
conduire to drive
    un permis de conduire driver's license
confiance (*f*) confidence
confort (*m*) comfort
connaissance (*f*) acquaintance; knowledge
connaître to know; to experience
    connaître un succès to be successful
connu *p. part. of* **connaître**
conquête (*f*) conquest
    faire la conquête de to win the heart of
consacrer to devote
conscience (*f*): **prendre conscience de** to become aware of
conseil (*m*) (piece of) advice
conseiller to advise
conserver to save, to preserve
consigne (*f*) order, instruction
consommation (*f*) consumption
constamment constantly
constatation (*f*) fact (that has been established)
constater to ascertain; to find out
contact (*m*): **mettre le contact** to turn on the ignition
contenance (*f*) bearing
    se donner une contenance to put on a front
continu continuous
contraire (*m*) opposite
contravention (*f*) (traffic) ticket
contre against
contredire to contradict
contrôle (*m*) check
convaincre to convince
copain (*m*), **copine** (*f*) friend, pal
Corée (*f*) Korea
corrompre to corrupt
Corse (*f*) Corsica
côte (*f*) coast
côté (*m*) side
coucher (*m*): **le coucher du soleil** sunset

se coucher to go to bed
cour (*f*) court
couramment fluently
courant current, up-to-date
courant (*m*): au courant abreast, up-to-date
courir to run
    le temps court time flies
couronne (*f*) crown
cours (*m*) course
    au cours de in the course of
course (*f*) race
    les courses errands
    faire les courses to go shopping
court short
coût (*m*) cost
    le coût de la vie cost of living
coûteux (coûteuse) expensive
coutume (*f*) custom
créateur (créatrice) creative
crédule gullible; one who readily believes in
    ghosts, etc.
créer to create
crise (*f*) crisis
critère (*m*) criterion
critiquer to criticize
croiser to cross
croissance (*f*) growth
croyance (*f*) belief
croyant *present participle of* croire
croyant (*m*) believer
cuisine (*f*) kitchen
    faire la cuisine to do the cooking
cuisinier (*m*), cuisinière (*f*) cook
culture (*f*): la culture physique bodybuilding
curer to pick (one's teeth)

D

d'abord at first
dater de to date back to
déboucher to uncork, to open (a bottle)
débrouillard able to get along
début (*m*) beginning
décapsuler to uncap; to open (a bottle)
décapsuleur (*m*) bottlecap opener
décédé deceased, dead
déceler to disclose
déchet (*m*) waste

décorateur (*m*), décoratrice (*f*) interior deco-
    rator
découvrir to discover
décrire to describe
dédain (*m*) disdain
défaite (*f*) defeat
défaut (*m*) flaw, failing; fault
défi (*m*) challenge
défiguré disfigured
dégoutant disgusting
déhanchement (*m*) swaying of the hips
dehors outside
    en dehors de outside of
déjà already
demain tomorrow
demande (*f*) demand, request
    une demande d'emploi job wanted (ad)
démentiel (démentielle) crazy, crazed
se démocratiser to become democratic
dent (*f*) tooth
dépense (*f*) expense
dépenser to spend
se déplacer to get around
déporté (*m*) alien; deported person
déprimer to depress
depuis since; for
dernier (dernière) last
désespéré desperate
déshonorant dishonorable
désobéissant disobedient
dessin animé (*m*) cartoon
destin (*m*) destiny, fate
désuète old-fashioned, out of style
détente (*f*) relaxation
détruire to destroy
devant in front of; in the face of
devenir to become
devin (*m*) soothsayer
deviner to guess
devoir (*m*) duty
dévouement (*m*) devotion, devotedness; self-
    sacrifice
diminuer to diminish, to weaken
diminution (*f*) decrease
diriger to direct
discipline (*f*) discipline; (school) subject
discuter (de) to talk about, to discuss
disparaître to disappear
disparité (*f*) difference; distance

disparu disappeared; died
disque (*m*) disc, record; discus
docile easy
dodo *child language* sleep
dos (*m*) back
dossier (*m*) file
doubler to dub (a film); to pass (a car)
doué gifted, talented
doute (*f*) doubt
    sans doute doubtless
doûteux (doûteuse) doubtful; dirty
doux (douce) sweet; soft
drogue (*f*) drug
droit straight
    tenez-vous droit sit (stand) up straight
droit (*m*) right; law
durée (*f*) duration
durer to last

E

échappement (*m*) exhaust
écolier (*m*), **écolière** (*f*) schoolboy, schoolgirl
économe thrifty, careful with money
économie (*f*) economy, saving
    faire des économies to save
économiser to save
Écosse (*f*) Scotland
    la Nouvelle Écosse Nova Scotia
écrivain (*m*) writer
effectif (effective) effective; actual
effectivement as a matter of fact
effet (*m*) effect
    en effet in fact
    sous l'effet de under the influence of
efficacité (*f*) effectiveness, efficiency
effrayant scary, frightening
effrayer to frighten
égal, égaux (*pl*) equal
    cela m'est égal it's all the same to me
égalité (*f*) equality
église (*f*) church
    l'église the Catholic church
élever to raise, to bring up
elles-mêmes themselves
éloigné distant; far off
élu *p. part. of* **élire,** to elect
embarras (*m*) confusion
embouteillage (*m*) traffic jam

embrayage (*m*) clutch
émeraude (*f*) emerald
émis *p. part. of* **émettre,** to emit, to give off
émission (*f*) program
émotivité (*f* tendency toward being easily
    moved or touched
empêcher to prevent
emploi (*m*) job; use; employment
empoisonnement (*m*) poisoning
encéphale (*m*) encephalus; brain
enchanté delighted
enclin: être enclin à to be inclined to
encombrant cumbersome
encombrement (*m*) traffic jam
endroit (*m*) place
s'énerver to get excited
engagé active politically
engin (*m*) device; machine
ennui (*m*) boredom; problem
s'ennuyer to be bored
ennuyeux (ennuyeuse) boring
énormément greatly, enormously; a lot
enquête (*f*) investigation, inquiry
enrichissant enriching
enseignement (*m*) education, teaching
enseigner to teach
ensuite then, after that
entassement (*m*) accumulation
entendre to hear; to understand
    entendre parler de to hear about
s'entendre avec to understand; to get along
    with
entente (*f*) understanding
    l'entente sexuelle sexual compatibility
enterrement (*m*) burial
enterrer to bury
s'entraîner to train
entre between, among
    d'entre nous of us
entreprise (*f*) business
entretenir to maintain, to keep up
entretien (*m*) upkeep
envers (*m*) opposite; back side
envers toward
envie (*f*) desire
    avoir envie de to want to
environner to surround
épais (épaisse) thick, broad
épéiste (*m*) swordfighter

éperdument madly; to distraction
époque (*f*) period, time; epoch
épouser to marry
épouvante (*f*) horror
époux (*m*), épouse (*f*) spouse
épreuve (*f*) test; (athletic) event
épuisant exhausting
épuisé exhausted; worn out
équipe (*f*) team
équipement (*m*) equipment; installation, facility
équitable fair, just
erreur (*f*) error, mistake
erroné erroneous, false
esclavage (*m*) slavery
esclave (*f, m*) slave
escrimeur (*m*) fencer
espace (*f*) space
espionnage (*m*) spying
esprit (*m*) spirit; ghost; wit
essayer to try
essence (*f*) gas
essor (*m*) flight
    un essor démographique population growth
essuie-glace (*m*) windshield wiper
est (*m*) east
étape (*f*) stage; step
état (*m*) state
s'étendre to spread (out)
étendu broad
éternuement (*m*) sneeze
étoile (*f*) star
étonner astonish
étrange strange
étranger (étrangère) foreign; strange
    à l'étranger abroad
étude (*f*) study
eux-mêmes themselves
Évangile (*m*) Gospel
évasion (*f*) escape
éveillé awake
événement (*m*) event
éventualité (*f*) possibility
évidemment evidently; obviously
éviter to avoid
exactitude (*f*) punctuality, being on time
excitant (*m*) stimulant
s'exclamer to exclaim

exercer to exercise
exécuter to carry out
exiger to require
expatrié (*m*) expatriate; one who does not live in his/her native country
expédier to send
expliquer to explain
exposition (*f*) exhibit, exhibition
expression (*f*): **d'expression française** French-speaking
exprimer to express

F

fabricant (*m*) producer
face (*f*): **faire face à** to face
fâché angry
façon (*f*) fashion, manner
    d'une façon véhément vehemently
factice artificial
faible weak, feeble
faim (*f*) hunger
faire to do, to make
    faire un compliment to pay a compliment
    faire la différence to tell the difference
    faire distingué to make one look distinguished
se faire to be carried out
fait (*m*) fact
    en fait in fact, as a matter of fact
famélique half-starved
fantaisiste whimsical; full of fantasy
fantôme (*m*) phantom, ghost
fassent *subjunctive of* **faire**
faucon (*m*) falcon
faux (fausse) false, wrong
favoriser to lead to; to incline one toward
fécond fertile; rich; prolific
femme (*f*) woman; wife
    une femme d'intérieur housewife
fête (*f*) holiday
feu (*m*) fire
feu-rouge (*m*) traffic light; stoplight
fiançailles (*f pl*) engagement; engagement ceremony
se fiancer to become engaged
fiche: **je m'en fiche** (*slang*) I don't give a damn

fidèle faithful

   les fidèles the faithful; those who believe

fidélité (*f*) faithfulness

fier (fière) proud

fier à to have confidence in

fils (*m*) son

fin (*f*) end

flegmatique calm, imperturbable

flotter to float

foi (*f*) faith

fois (*f*) time

   deux fois twice

fol: fol est qui s'y fie one is crazy to believe it/him/her

folie (*f*) madness

   à la folie madly

foncé dark

fonctionnaire (*m*) civil servant

fonctionner to work

fonder to found, to establish

football (*m*) soccer

footing (*m*) jogging

forme (*f*): **en forme** in shape

formel (formelle) formal; categorical, explicit

fort strong

fortuit lucky; unplanned

fossé (*m*) gap, ditch

foule (*f*) crowd

fourchette (*f*) fork

foyer (*m*) home

frais (fraîche) fresh; cool

franchir to cross

franchise (*f*) openness; frankness; candor

francophone one who speaks French

francophonie (*f*) act of speaking French

frapper to strike

frein (*m*) brake

freiner to brake

frisé curly

froid (*m*) cold

froidure (*f*) cold

frontière (*f*) border, boundary

fulgurant flashing

fumée (*f*) smoke

fumer to smoke

fumeur (*m*) smoker

funerailles (*f pl*) funeral

fusée (*f*) rocket

fusil (*m*) rifle, gun

fut *passé simple of* **être**

G

gâcher to ruin

gagner to earn

gain (*m*): **obtenir gain de cause** to win

garder to keep; to retain

   faire garder le bébé to have someone care for the child

garer to park

gaspillage (*m*) waste

gaspiller to waste

gazeux (gazeuse) carbonated; sparkling, bubbly

généraliser to popularize

génial (géniaux) brilliant; inspired; full of genius

génie (*m*) genius

gens (*m pl*) people

germain: un cousin germain first cousin

glace (*f*) ice; ice cream

gloire (*f*) glory

gorge (*f*) throat

goût (*m*) taste

goûter to taste

grâce à thanks to

gracieux (gracieuse) graceful

grade (*m*) (military) rank

grand big, large; grand; great

grandir to grow, to grow up

gras (grasse) fat, fatty

gratuit free

grave serious

gros (grosse) big, fat

grossir to gain weight

guère: ne... guère scarcely, hardly

guérir to cure

guerre (*f*) war

   en guerre at war

guidage (*m*) steering

H

habillé (en) dressed (as)

s'habiller to dress

habiter to live

habitude (*f*) habit

s'habituer à to become accustomed to

hasard (*m*): **par hasard** by chance; haphazardly

hématome (*m*) blood clot

heure (*f*) hour, time
    à l'heure on time
heurt (*m*) shock, blow
    sans heurt smoothly
hispanophonie (*f*) act of speaking Spanish
histoire (*f*) history; story, tale
    la petite histoire anecdotal history
honte (*f*) shame
    avoir honte to be ashamed
hôpital (*m*), **hôpitaux** (*pl*) hospital
horloge (*f*) clock
humeur (*f*) mood

I

illimité unlimited
illuminer to light up
s'illustrer par to be known for
image (*f*): **l'image que l'on se fait** the pictures one has
immeuble (*m*) apartment house
immigré (*m*) immigrant
immobilier (immobilière) (pertaining to) real estate
immuable unchanging, constant
s'impatienter to become impatient
impôts (*m pl*) taxes
impressioner to impress
imprimerie (*f*) printing press
incompréhensif (incompréhensive) lacking in understanding
inconvénient (*m*) inconvenience; drawback
incroyant unbelieving
Inde (*f*) India
indolent indolent, apathetic, slow
indulgent lax, permissive; indulgent
inégalité (*f*) inequality
infirme infirm
infirme (*m*) disabled cripple
infirmier (*m*) **infirmière** (*f*) nurse
information (*f*) fact
informatique (*f*) data processing
ingénieur (*m*) engineer
initier to start, to initiate
s'initier à to learn about
inspirateur (*m*) inspirer
s'installer to settle
instaurer to institute
instituteur (*m*) **institutrice** (*f*) elementary school teacher

interdiction (*f*) something that is forbidden
interdire to forbid
intéressé money-oriented, thinking of profit
intituler to entitle
introduire to introduce
inutile useless
inverse opposite
invité (*m*) guest
isolement (*m*) isolation
ivre drunk
ivresse (*f*) drunkenness

J

se jalouser to be jealous
jamais: ne... jamais never
jambe (*f*) leg
jardin (*m*) garden
javelot (*m*) javelin
Jésus-Christ: avant Jésus-Christ B.C; **après Jésus-Christ** A.D.
jeu (*m*), **jeux** (*pl*) game
    le jeu des acteurs acting
jouer to play; to act
joueur (*m*), **joueuse** (*f*) player
jouissance (*f*) enjoyment; pleasure
jour (*m*) day
    au jour le jour from day to day
    de tous les jours daily
juif (juive) Jew, Jewish
juge (*m*) judge
jurer to swear
jus (*m*) juice
jusqu'à until
juste just, fair
justement precisely

K

km (kilomètres) kilometers

L

là-dessus with that, out of that
laid ugly
laisser to leave; to bequeath
    laisser tomber to drop
lait (*m*) milk
se lamenter to complain

lancer to launch
laver to wash
    une machine à laver washing machine
lecture (*f*) reading
lendemain (*m*) next day
lent slow
lettres (*f pl*) humanities
lever (*m*) **du soleil** sunrise
se lever to get up
libérer to liberate, to free
libre free
licence (*f*) master's degree·
lien (*m*) tie
lieu (*m*) place
    donner lieu à to give rise to
    avoir lieu to take place
ligne (*f*) line
    la ligne d'arrivée finish line
ligue (*f*) league
limitation (*f*) limit
    limitation de vitesse speed limit
lisse straight (hair); sleek
lit (*m*) bed
    au lit in bed
livre (*f*) pound
logement (*m*) lodging, housing
loi (*f*) law
loin far
    de loin in the distance
    il y a loin entre there is a distance
      between
longtemps for a long time
lorsque when
lourd heavy; lacking style; sound
loyal, loyaux (*pl*) loyal
lucidité (*f*) clear-headedness, lucidity
lueur (*f*) light
lumière (*f*) light
lune (*f*) moon
lutte (*f*) struggle, fight
luxe (*m*) luxury
lucéen (*m*), **lycéenne** (*f*) high school student

M

mâcher to chew
maçon (*m*) mason, brick layer
magasin (*m*) store
    un grand magasin department store

magie (*f*) magic
magnétophone (*m*) tape recorder
maigre thin, skinny; meager
maigrir to lose weight
main (*f*) hand
    à la main by hand
main d'œuvre (*f*) labor force
maintenir to maintain
maintien (*m*) maintenance
mairie (*f*) city hall
maître (*m*) master
maîtrise (*f*) master's degree
mal (*m*) pain; evil
    mal à la tête headache
mal bad, badly, poorly
malade (*m*) patient
malade sick
maladif (maladive) sickly
malchance (*f*) bad luck; misfortune
malgré in spite of
malheur (*m*) unfortunate thing
malheureux (malheureuse) unhappy
malhonnête dishonest
malle-arrière (*f*) trunk
manifester to show
mannequin (*m*) fashion model
marché (*m*) market
marcheur (*m*) walker
marée (*f*) tide
marguerite (*f*) daisy
marié married
se marier to get married
marin (*m*) sailor
Marine (*f*) Navy
marque (*f*) make (of a car); brand
marron (*inv*) brown
marteau (*m*) hammer
martyre (*m*) martyrdom
matériau (*m*) material, raw material
matière (*f*) matter
    la matière première ingredients; raw
      material
maxime (*f*) saying
mécontentement (*m*) unhappiness
médaille (*f*) medal
médicament (*m*) (prescription) drug; medicine
meilleur better
    le meilleur the best
même even

menacer to threaten

ménage (*m*) household

    faire le ménage to do the housework

ménagère (*f*) housewife

mener to lead; to carry out

ménestrel (*m*) minstrel, poet

mensonge (*m*) lie, lying

menuisier (*m*) carpenter

mépriser to scorn, to despise, to hold in contempt

mer (*f*) sea

mésentente (*f*) misunderstanding

messe (*f*) Mass

méticulosité (*f*) meticulousness, exceeding care for detail

métier (*m*) profession, trade

métrage (*m*): **un court métrage** short (film)

metteur (*m*) **en scène** director

mettre to put, to place

    je mets une demi-heure it takes me half an hour

se mettre en colère to get angry

meurent *present of* **mourir,** to die

mieux better

    le mieux the best

mignon (mignonne) cute

milieu (*m*) middle

millier (*m*) about a thousand

    des milliers thousands

mince skimpy; thin

mis *p. part. of* **mettre**

    mis en pratique applied

mise (*f*) **en scène** directing (of a film); staging (of a play)

mi-temps (*m*): **à mi-temps** half-time

moche plain; not very good-looking

mode (*m*) means, manner

mode (*f*) fashion; style

    à la mode in fashion

mœurs (*m pl*) customs

moindre least

moine (*m*) monk

moins (de) less

mois (*m*) month

    de six mois six months old

moment (*m*): **du moment que** as long as

monde (*m*) world, earth

mondial (of the) world, worldwide

monter sur to climb on

montre (*f*) watch

morceau (*n*) piece

mort dead

mort (*m*) dead (person); (*f*) death

moto (*f*) motorcycle

mots-croisés (*m pl*) crossword puzzle

mouvement (*m*) movement, motion

moyen (*m*) means

moyen (moyenne) average; middle-sized

mur (*m*) wall

musée (*m*) museum

    le musée Grévin famous wax museum

N

nager to swim

nageur (*m*) swimmer

naïf (naïve) naive

naissance (*f*) birth

naître to be born

naquit *passé simple of* **naître**

natal, nataux (*pl*) of one's birth

navet (*m*) turnip; (*slang*) bad film

ne... que only

neiger to snow

net (nette) clear, distinct

nettoyer to clean

neuf (neuve) new

neutre neuter, neutral, ordinary

neveu (*m*) nephew

    un petit neveu grand-nephew

névrosé (*m*) neurotic

nez (*m*) nose

niveau (*m*) level

    un niveau de vie standard of living

nocif (nocive) poisonous, lethal, noxious

nombreux (nombreuse) numerous

    une famille nombreuse family with three or more children

    de nombreux (de nombreuses) many

nommer to name

note (*f*) grade

nouer to know

    nouer des liens to establish ties

nourriture (*m*) food

nous-mêmes ourselves

nu naked, nude

    pieds nus barefoot

nuit (*f*) night
    la nuit at night
nul nothing
    être nul en to be zero in
nullité (*f*) nullity; nothing; zero

O

obéir to obey
obéissant obedient
obèse obese, fat
objectif (*m*) objective, goal, aim
obséder to obsess
obtenir to obtain, to get
occasion (*f*) opportunity, chance
    d'occasion used
s'occuper de to take care of, to look after
odeur (*f*) smell
odieux (odieuse) hateful, odious, despicable
officieusement unofficially
offre (*m*) supply, offer
    un offre d'emploi help wanted ad
offrir to give, to provide
Olympia (*m*) Paris music hall
ombre (*m*) shade
ongle (*m*) (finger)nail
opérer to operate
or (*m*) gold
ordinateur (*m*) computer
ordonner to order
orgueil (*m*) pride
orgueilleux (orgueilleuse) proud
origine (*f*) background, origin
orner to decorate
oublier to forget
ouverture (*f*) opening
ouvrier (*m*), **ouvrière** (*f*) worker

P

paix (*f*) peace
palier (*m*) landing
    les voisins de palier neighbors on the same floor of an apartment house
Pâques (*f*) Easter
par by
parc (*m*) park
    un parc de voitures parking lot
parc-mètre (*m*) parking meter

parcourir to cross
pare-brise (*m*) windshield
pare-chocs (*m*) bumper
parent (*m*): **les parents** parents, relatives
parente (*f*) relative
paresseux (paresseuse) lazy
parfaitement perfectly
parfois sometimes
parmi among
parole (*f*) word
    le droit à la parole the right to speak
parrain (*m*) godfather
part: prendre part à to participate in
partager to share
partenaire (*m*) partner
partie (*f*) party
    faire partie de to be a member of
partout everywhere
pas (*m*) step
passager (passagère) passing, temporary; fleeting
passant (*m*) passerby, person (in the street)
passé (*m*) past
passer to pass; to spend (time); to take (an exam)
se passer de to do without
passe-temps (*m*) past-time
passion (*f*): **avoir la passion de** to be crazy about
passionnant exciting
passionné (*m*) fan
se passionner pour to become enthusiastic about
pasteur (*m*) Protestant minister
patinage (*m*) **artistique** figure skating
pâtissier (*m*) pastry cook
patriote patriotic
patron (*m*) **patronne** (*f*) boss
pauvre (*m*) poor person
pauvreté (*f*) poverty
payant for which admission is charged
payer to pay, to pay for
pays (*m*) country
peau (*f*) skin
péché (*m*) sin
peine: à peine scarcely, hardly
    c'est à peine si barely
peintre (*m*) painter
pendant during

pendule (f) clock
pénible painful
penser to think
    penser que oui to think so
perception (f) **extra-sensorielle** ESP (extra-sensory perception)
perdre to lose
se perfectionner to improve
permis (m) permit, license
perte (f) loss
peser to weigh
pétillant sparkling
petits-enfants (m pl) grandchildren
peu little, not very
    à peu près about, approximately
    de peu narrowly, barely
peur (f) fear
    avoir peur to fear
peut-être perhaps, maybe
phare (m) headlight
photo (f) photo; photography
photographe (m) photographer
pièce (f) room; play
pied (m) food
    pieds nus barefoot
pile (f) battery
pilote (m): **un pilote de ligne** commercial airline pilot
piloter to fly (a plane)
piquet (m) pole
pire worse
piste (f) track; clue
place (f) space, room
    place aux femmes! make room for women
    faire place à to give way
plage (f) beach
plaire to please
    ce qui me plaît what I like
plaisir (m) pleasure
    faire plaisir à to please
planter to plant; to stick in the ground
plein (de) full (of)
    en pleine expansion in the midst of expansion
pleinement fully
pleut: il pleut it's raining
plomb (m) lead
plombier (m) plumber

plus (de) more
    plus de 13 ans over 13
    de plus en plus more and more
    il n'y a plus de there is no more...
plutôt rather, on the whole
pneu (m) tire
poche (f) pocket
    l'argent de poche pocket money; allowance, spending money
poids (m) weight
    un poids moteur clock weights
poignet (m) wrist
pointe (f) stitch
    une pointe de a bit of, a touch of
policier (policière) (of the) police
    un film policier detective movie
poliment politely
politesse (f) politeness; etiquette
politique (f) politics; policy
polluant polluting
Pologne (f) Poland
polonais Polish
ponctuel (ponctuelle) punctual; on time
pont (m) bridge
portatif (portative) portable
porte-bonheur (m) good-luck charm
porter to carry; to wear
    porter un jugement to bring to bear a decision
se porter bien to be in good health
poser (une question) to ask (a question)
posséder to possess
poste (f) post office
poterie (f) pottery
pouce (m) thumb; inch
poudre (f) powder
    poudre à canon gunpowder
poudrerie (f) powder snow
poursuivre to pursue; to carry on, carry out (a mission)
pourtant nevertheless
pratique practical
pratiquer to practice; to participate regularly in
précédent preceding; which came before
prêcher to preach
précis: à deux heures précises at exactly two o'clock
prédire to foretell

préféré favorite

préjugé (m) prejudice

premier (m): un jeune premier young male
    lead

se préparer à to prepare for; to get ready for

près near

    à peu près about, approximately

    de près close up

    près de near; nearly, almost

prescrire to prescribe

presque almost

pressé in a hurry

prêt ready

    prêt à ready to

prétendre to insist

prétendu supposed

prêter to loan

prêtre (m) priest

prévisible predictable

prévoir to foresee

prier to pray

prière (f) prayer

prise (f)

    une prise de conscience

privé private

prix (m) price; prize

prochain next

proche close, near; intimate

procureur: le Procureur Général Attorney
    General

produit (m) product

programme (m) program; (political) platform

projet (m) plan

promenade (f) walk

promu promoted

propre clean

propriétaire (m) owner

propriété (f) ownership

protéger to protect

province (f) province

    la province regions of France exclusive of
        Paris

provisoire temporary; for a short period

provoquer to provoke; to bring about; to
    cause

Prusse (f) Prussia

puis then

puisque since

puissant powerful

Q

quant à as for

quelque chose something

quelquefois sometimes

querelle (f) quarrel

quitter to leave

quoi what

R

rabbin (m) rabbi

racine (f) root

rafale (f) strong gust of wind

raffinée refined

raide stiff

    la corde raide tightrope

raisin (m) grape

raison (f) reason

    perdre la raison lose one's ability to
        think

    un mariage de raison marriage of con-
        venience

râleur complaining

ramasser to pick up, to collect

rancune (f) rancor

    sans rancune without ill feeling

rapprocher de to draw close to, to bring near

rapport (m) relationship

raseur (m) bore

rater to miss, to fail

ravissant ravishing, very pretty

rayon (m) ray

    rayon lumineux light ray

    un rayon-X X-ray

réagir to react

réalisateur (m) producer

rébarbatif (rébarbative) grim, highly
    unpleasant, forbidding

recalé flunked

récemment recently

rechercher to look for, to search out

réclamation (f) complaint, claim

réclamer to claim

récolter to collect, to harvest

récompenser to reward
réconfort (*m*) (moral) comfort
reconnaître to recognize
    reconnaître (un fils) to claim paternity
recouvrer to recover, to retrieve; to regain
rectifier to rectify, to correct
reçu: être reçu à to pass (an exam)
recueil (*m*) collection, anthology
rédiger to write
redoubler to repeat (a class)
réduire to reduce
réfléchir to reflect; to think
refléter to reflect
réflexion (*f*) thought; thinking matters out
régime (*m*) diet
    suivre un régime to be on a diet
règle (*f*) rule; guideline
règlement (*m*) rule, regulation
régner to reign
reine (*f*) queen
rejeter to reject, to turn down
relations (*f pl*) well-placed friends; acquaintances
remboursement (*m*) reimbursement, return
remonter à to go back to
remplacer to replace
remplir to fill, to fill out
remporter to win
rémunération (*f*) pay, salary
rémunéré paid
rencontre (*f*) meeting
rendez-vous (*m*) rate, appointment
    donner rendez-vous à quelqu'un to arrange to meet someone
rendre to return
    rendre quelqu'un conforme à to make someone like
    rendre heureux to make happy
se rendre to surrender
renfermé closed; hard to get to know
renforcer to reinforce
renifler to sniff, to snivel
renouveau (*m*) renewal, renaissance, rebirth
renover to renew, to renovate
renseignement (*m*) (piece of) information
rentrer to return (home)
réparation (*f*) repair
repas (*m*) meal
reposer to rest

reprendre to take back
    reprendre un travail to start working again; to go back to a job
reproche (*f*) reproach
    faire des reproches à to reproach
requérir to require
requis required
résolurent *passé simple of* **résoudre,** to resolve
respectueux (respectueuse) respectful
respirer to breathe
rester to stay, to remain
retard (*m*) delay
    de retard late
    avoir du retard to be late
    avec dix minutes de retard ten minutes late
retarder to run slow, to be slow
retour (*m*) return
retraite (*f*) retirement
    une maison de retraite old age home
retraité (*m*) retired person
réussir à to be successful; to pass (an exam)
réussite (*f*) success
revanche (*f*) revenge
réveil (*m*) alarm (clock)
révéler to reveal
revendicateur (revendicatrice) who claims one's rights
revendication (*f*) claim
revendiquer to claim
revendre to resell, to sell back
revenir to come back
rêver to dream
revivre to relive
    faire revivre to bring back to life
ride (*f*) wrinkle
ridiculiser to make fun of
rien nothing
rire (*m*) laughter
roi (*m*) king
romancier (*m*) **romancière** (*f*) novelist
romanesque romantic
rond round
roue (*f*) wheel
routière (of the) highway
roux (rousse) red (hair)
royaume (*m*) kingdom
rubis (*m*) ruby

rue (*f*) street
ruée (*f*) rush

S

sable (*m*) sable
sablier (*m*) hour glass
sacrilège sacriligious
sagesse (*f*) wisdom
saisir to seize; to come to grips with
salé salted, salty
sanctionner to attest to
sang (*m*) blood
sans without
santé (*f*) health
sauver to save
savant (*m*) scientist
savate (*f*) worn-out shoe
    trainer des savates to be slipshod
savoir-vivre (*m*) knowledge of the world;
      manners
scénariste (*m*) script writer
scolaire academic; school
sec (sèche) dry
sécurité (*f*) safety; security
sélectionner to select, to choose
selon according to
semblable similar
sembler to seem
sens (*m*) sense, meaning; direction
    en sens inverse in the opposite direction
sensibilité (*f*) sensitivity
sensible sensitive
    une progression sensible marked
      progress
sentiment (*m*) feeling
sentimental, sentimentaux (*pl*) sentimental
    la vie sentimentale love life
sentir to smell; to stand, to bear
se sentir bien (mal) to feel good (bad)
serment (*m*) oath
servir (à) to be useful (for)
seul only; alone
    à elle seule by itself
seulement only
sévère strict, severe
sexué sexist

si if
    si oui ou non whether or not
    même si even if
siècle (*m*) century
siège (*m*) seat
siéger à to have a seat in
sieste (*f*) nap
ski (*m*) **nautique** water skiing
sobre sober; low in consumption (of gas)
sobriété (*f*) soberness
soi-même oneself
soirée (*f*) evening
sol (*m*) ground
soldat (*m*) soldier
somme (*f*) sum
    en somme all in all
sommeil (*m*) sleep
    avoir le sommeil lourd to be a deep
      sleeper
somnifère (*m*) sleeping pill
somptueux (somptueuse) sumptuous,
    splendid
son (*m*) sound
sondage (*m*) opinion poll
sorcière (*f*) witch
sort (*m*) fortune, chance
    au sort at random
sortie (*m*) date
sortir to go out; to date
sot (sotte) foolish
sottise (*f*) (piece of) foolishness
souffrance (*f*) suffering
souffrir (de) to suffer (from)
soufre (*m*) sulphur
soumettre to subject
soumis submissive, obedient; subjected (to)
sourd (*m*) deaf person
sourd deaf
souris (*f*) mouse
sous under
soutien (*m*) support
souvent often
se spécialiser en to major in
spectacle (*m*) show
stage (*m*) apprenticeship; internship
    faire un stage to work as an intern
standardiste (*m*) telephone operator
stationnement (*m*) parking
stationner to park

statut (*m*) status
subsister to continue to exist
se succéder to follow each other
sucer to suck
sucré sweet
sud (*m*) south
suédois Swedish
suffire to suffice, to be sufficient
    cela suffit that's all it takes
suffisant sufficient, enough
suggérer to suggest
suivant following
Suisse (*f*) Switzerland
suivre to follow
    suivre un cours to take a class
superflu superfluous; extra
supprimer to suppress; to close
sur on, about; upon
    un sur cent one out of a hundred
sûr sure
    bien sûr of course
surnommer to nickname
surpeuplé overpopulated
surpopulation (*f*) overpopulation
surprenant surprising
surtout especially
surveiller to watch, to watch over
svelte slender, slim
sympathie (*f*) like, preference, attraction
sympathique nice
synthèse (*f*): **les vitamines de synthèse** synthetic vitamins

temps (*m*) time; weather
    de tous les temps of all times, ever
    à temps complet fulltime
ténacité (*f*) tenacity, stubbornness
tendance (*f*) tendency
    avoir la tendance à to tend to
tendu tense
tenir to hold
    tenir en place to stay put
    tenir à to cherish, to hold dear
tenter to tempt
terminer to end, to finish
terreur (*f*) terror
    la Terreur: period of the French Revolution, May 1793–1794, when thousands were guillotined
têtu stubborn
thé (*m*) tea
timbre (*m*) stamp
tirage (*m*) drawing
tire-bouchon (*m*) cork screw
tirer to draw; to take
tireuse (*f*) **de cartes** fortune teller who reads cards
titre (*m*) title
toit (*m*) roof; top (of a car)
tombeau (*m*) tomb
tomber to fall
    une question tombe a question appears
    laisser tomber to drop
tort (*m*) wrong
    avoir tort to be wrong
tôt early
total (*m*): **au total** overall
toujours always; still
tour (*m*) tower
    être au tour de to be...'s turn
se tourmenter to worry
tourner to turn
tous: tous les quatre ans every four years
tout all
    à tout âge at any age
    tout le monde everyone
traducteur (*m*), **traductrice** (*f*) translator
traduire to translate; to express
trahir to betray
traîner to drag
trait (*m*) characteristic
traité (*m*) treaty

T

tabac (*m*) tobacco
tableau (*m*), **tableaux** (*pl*) table, chart; picture, painting
    un tableau de bord dashboard
tâche (*f*) task, chore
taille (*f*) height, size, weight
se taire to be still, to be quiet
tante (*f*) aunt
teint (*m*) complexion
tel: tel ou tel thus and so
temple (*m*) Protestant church

trajet (*m*) ride, trip
transport (*m*) transportation
travail (*m*), travaux (*pl*) work
    les travaux domestiques housework
travailleur (travailleuse) hard-working
trève (*f*) truce
tribu (*f*) tribe
tribune (*f*) tribune, rostrum
    à la tribune in parliament
tricher to cheat
trône (*m*) throne
trop (de) too; too much
se trouver to be located
truquage (*m*) trick photography
tuer to kill
type typical

U

uni united
unir to unite
usage (*m*) use
usine (*f*) factory
utile useful
utiliser to use, to utilize

V

vachement (*slang*) very
vaillance (*f*) valor
vainqueur (*m*) winner
valable valid
vantard boastful
vanter to praise, to boast about
varier to change
vaut: il vaut mieux it is better
    rien ne vaut there is nothing like
vécu *p. part. of* vivre, to live
vendeur (*m*), vendeuse (*f*) salesperson
venir to come
    venir de to have just
vent (*m*) wind

vente (*f*) sale
ventre (*m*) stomach
vérité (*f*) truth
vernis (*m*) varnish
vers toward
vertu (*f*) virtue
vêtements (*m pl*) clothing, clothes
vie (*f*) life
    le coût de la vie the cost of living
vieillard (*m*) old man
vieillesse (*f*) old age
vieillir to grow old
vierge (*f*) virgin
vieux (*m*) vieille (*f*) old person
vignette (*f*) small engraving
    la vignette windshield sticker indicating
        that French automobile tax has been paid
visage (*m*) face
vitesse (*f*) speed; gear
vivant (*m*) living person
    un bon vivant one who enjoys life; he-
        donist
vivant living; dynamic; alive
    de son vivant while alive
vivre to live
voie (*f*) way, road
    un pays en voie de développement
        developing country
voilà pourquoi that is why
voisin (*m*) voisine (*f*) neighbor
voisinage (*m*) neighborhood
voix (*f*) voice
volant (*m*) steering wheel
    la passion du volant love of driving
volontaire determined, strong-willed
volonté (*f*) will power
vorace voracious; high on fuel consumption
voyager to travel
voyant (*m*), voyante (*f*) medium, seer, fortune
    teller
vu *p. part. of* voir, to see
    vu par as seen by
vue (*f*) eyesight, sight

8 9 0